Fernbeziehung erfüllt leben

Liebe und Karriere auf Distanz vereinbaren

Linda Mitterweger

C.H.BECK

So nutzen Sie dieses Buch

Die folgenden Elemente erleichtern Ihnen die Orientierung im Buch:

Beispiele und Übungen
In diesem Buch finden Sie zahlreiche Beispiele, die das Gesagte illustrieren. Übungen regen Sie dazu an, das Gelesene umzusetzen.

! Die Merkkästen enthalten hilfreiche Hinweise und wertvolle Tipps.

Auf den Punkt gebracht

Am Ende jedes Kapitels finden Sie eine kurze Zusammenfassung.

Inhalt

Vorwort

Schön, dass dieses Buch in Ihre Hände gelangt ist. Mit großer Wahrscheinlichkeit führen Sie eine Fernbeziehung oder denken darüber nach, sich auf die Liebe auf Distanz einzulassen.

In diesem Buch steckt mein Herzblut und mein Wissen – nicht nur meine persönliche Erfahrung, auch die meiner Klientinnen und Klienten! Denn mit Fernbeziehungen kenne ich mich aus! Das Thema zieht sich wie ein roter Faden durch mein Leben. Ich habe bereits mehrere Fernbeziehungen geführt, von 80 km Entfernung über einen räumlichen Abstand von 300 km bis hin zu einer interkulturellen Fernbeziehung mit 3000 km Distanz.

Ich habe die Herausforderungen, die diese Beziehungsform bietet, selbst erlebt. Dabei konnte ich Strategien entwickeln, ihnen zu begegnen und habe die Chancen, die Fernbeziehungen bieten, am eigenen Leib kennen und schätzen gelernt.

Als Psychologin kenne ich zudem die Motive, die Menschen dazu bewegen, die Liebe auf Distanz zu leben und ihre Zeit und Energie in diese Art der Beziehung zu stecken.

Ich weiß um die vielen Beziehungsformen, in denen eine Fernbeziehung gelebt werden kann. In meiner psychologischen Online-Beratung PSY-ON begleite ich als Fernbeziehungsberaterin in der systemischen Online-Paartherapie täglich Paare dabei, die Herausforderungen, die ihre Fernbeziehung an sie stellt, zu meistern.

Aktuell wird in Deutschland Schätzungen zufolge jede 8. Beziehung als Fernbeziehung gelebt. Das Deutsche Institut für

Wirtschaftsforschung ermittelte, dass 13,4 % der Paare in Deutschland eine Fernbeziehung führen, wobei in diese Statistik nicht einmal alle Formen der Fernbeziehung inbegriffen sind.

Mit großer Wahrscheinlichkeit haben auch Sie mit den Herausforderungen dieser Beziehungsform zu kämpfen. Mit diesem Buch möchte ich Sie unterstützen. Ich möchte Ihnen Mut machen, durchzuhalten. Ich weiß, dass diese Form der Beziehung funktionieren kann. Ich selbst lebe in einer erfüllten Fernbeziehung und in meiner Beratungspraxis erlebe ich jeden Tag wie Fernbeziehungen mit ein wenig Unterstützung gelingen können. Ich möchte Ihnen praktische Tipps an die Hand geben – aus meiner psychologischen Praxis und aus meiner eigenen Erfahrung. Lassen Sie sich von der Distanz nicht unterkriegen.

Alles Gute, viel Kraft und Mut für Sie,

Ihre Linda Mitterweger

! Erfahren Sie mehr über mich, meine Arbeit und das Thema Fernbeziehung auf www.PSY-ON.de und teilen Sie ihre persönlichen Erfahrungen mit mir. Tauschen Sie sich auf Facebook mit Gleichgesinnten aus und treten Sie meiner Gruppe „Fernbeziehung meistern! Tipps & Austausch für die Liebe auf Distanz" bei oder folgen Sie mir bei Instagram oder Pinterest – Sie finden mich dort als @Fernbeziehungsberaterin. Ich freue mich sehr darauf, mich mit Ihnen zu vernetzen.

Karriere als häufigster Grund für Fernbeziehungen

Die Gründe, die dafür sprechen, eine Fernbeziehung zu führen, sind vielschichtig. Und doch rückt ein Thema immer wieder in den Fokus: Die berufliche Karriere.

Auch wenn es Paare gibt, die aufgrund familiärer Verpflichtungen, Verbundenheit zum Heimatort, der eigenen Eigentumswohnung oder strengen Visa-Bestimmungen noch nicht zusammen leben können, stellen berufliche Verpflichtungen den Hauptgrund dar, weshalb sich Paare entscheiden, eine Beziehung über die Distanz zu führen. Unabhängig davon, ob Sie als Partner in getrennten Städten leben und arbeiten oder bedingt durch regelmäßige Geschäftsreisen eine Wochenendbeziehung führen, ist es entscheidend, einen Faktor zu akzeptieren:

Ihre Beziehung hat gerade nicht den höchsten Stellenwert – und das ist vollkommen in Ordnung!

Schaffen Sie in Ihrer Beziehung ein Bewusstsein dafür, dass Sie sich gerade dafür entscheiden, dass andere Dinge in Ihrem Leben wichtiger sind als Ihre Partnerschaft – in vielen Fällen die eigene berufliche Karriere. Diese Aussage mag provokant für Sie klingen. Möglicherweise würden Sie im ersten Moment nicht zustimmen. Allerdings besteht die Möglichkeit, Ihre Beziehung zur ersten Priorität Ihres Lebens zu machen. Durch einen Jobwechsel, der hilft, dem Schichtdienst zu entkommen oder die Menge an Geschäftsreisen zu reduzieren. Oder einen Umzug, durch den Sie am gleichen Ort miteinander leben können, der in den meisten Fällen aber einen Jobwechsel nach sich zieht. Dass Sie diese Optionen gerade nicht ergreifen, und scheinbar auch nicht ergreifen wollen, ist völlig in Ordnung. Es ist okay, dass zu gewissen Zeiten im Leben andere Themen einen höheren Stellenwert haben als die eigene Partnerschaft. Seien Sie sich aber darüber bewusst, dass Sie beide diese Entscheidung für sich getroffen haben. Ihre Beziehung zum Mittelpunkt Ihres Lebens zu machen, würde vielleicht eine erfülltere Partnerschaft bedeuten, jedoch unter Umständen auch berufliche Unzufriedenheit, Sehnsucht nach der Heimat, der eigenen Familie und den Freunden nach sich ziehen. Sie sind gerade nicht bereit, die Konsequenzen eines Job- oder Wohnortwechsels zu tragen. Sie möchten sich Ihre Karrierechancen nicht für mehr räumliche Nähe in Ihrer Partnerschaft verbauen. Es ist Ihre berechtigte Entscheidung, aktuell Ihre Karriere über Ihre Partnerschaft zu priorisieren.

Auf den Punkt gebracht

Es gibt viele Gründe, die dazu führen, dass eine Partnerschaft über die Distanz geführt wird – der häufigste besteht jedoch im Wunsch der Partner, ihre berufliche Karriere voran zu treiben. Die eigene Beziehung für das Erreichen bestimmter Karriereziele zu vernachlässigen, indem beispielsweise getrennte Wohnorte und wenig gemeinsame Zeit gewählt werden, ist eine berechtigte Entscheidung. Wichtig ist dabei aber, sich diese Entscheidung bewusst zu machen und offen in der Beziehung zu kommunizieren.

Die weiteren Kapitel und Tipps werden Sie dabei unterstützen, Ihre Beziehung auf Distanz so erfolgreich zu leben, dass erfüllte Partnerschaft und Karriere gleichermaßen möglich werden.

Kommunikation in der Fernbeziehung

Eine erfolgreiche Beziehung – ob fern oder nah – benötigt klare und ehrliche Kommunikation.

Möglicherweise neigen Sie dazu, das Ansprechen unangenehmer Themen zu vermeiden, bis Sie den Ärger nicht mehr hinunterschlucken können. Vielleicht werden Sie im Gespräch mit Ihrem Partner schnell anklagend und vorwurfsvoll. Passiert es manchmal, dass Sie zu Verallgemeinerungen neigen und nachtragend reagieren? Verändern Sie die Kommunikation in Ihrer Partnerschaft und erleben Sie eine neue Beziehungsqualität. Ich möchte Sie zu einer offenen und ehrlichen Kommunikation mit Ihrem Partner ermuntern – miteinander zu sprechen ist maßgeblich für das Gelingen Ihrer Beziehung auf die Distanz.

Beispiel aus der Praxis

Vor einiger Zeit arbeitete ich in der Fernbeziehungsberatung mit Anna und Roland, die in Diskussionen über die Planung ihrer gemeinsamen Wochenenden immer wieder aneinander gerieten. Anna beschrieb, dass Roland sie in dieser Woche in den Wahnsinn getrieben habe. Die beiden hatten schon vor längerer Zeit abgesprochen, sich am besagten Wochenende Zeit füreinander und ihre Beziehung zu nehmen. Sie hatten besprochen, dass Arbeit, wichtige Telefonanrufe und die eigene Familie – Themen die immer wieder eine Rolle in ihrer Beziehung spielten – in diesen gemeinsamen Tagen nebensächlich sein sollten. Darauf freute sich Anna seit Wochen. Kurzfristig teilte Roland ihr nun vor der Sitzung mit, am betreffenden Freitag lange arbeiten zu müssen und am Samstagmorgen eine Telefonkonferenz zu haben. Anna beschrieb, bereits jetzt keine Vorfreude mehr auf das Wochenende zu spüren und machte ihrer Enttäuschung Luft, indem sie zu ihrem Partner sagte: „So müssen wir wirklich gar nicht erst fahren, Roland! Das ist so typisch, immer das Gleiche!". Dieser reagierte ablehnend: „Wie du mich immer darstellst, Anna! Denkst du ich habe mir das ausgesucht? Du weißt wie wichtig das Projekt ist – da kann ich mich jetzt nicht einfach in der heißen Phase ausklinken, weil ich mit meiner Freundin auf Wellness bin. Du kapierst einfach nicht, dass ich mir das auch nicht ausgesucht habe. Wenn ich die Wahl hätte würde ich liebend gerne jedes Wochenende das Handy ausschalten und die Zeit mit dir verbringen aber das Leben ist eben kein Wunschkonzert."

Auffällig bei Anna und Roland war, dass sie offensichtlich denselben Wunsch teilten: Beide wollten mehr Zeit miteinander verbringen. Während es Anna gelang, den verabredeten Termin einzuhalten, war Roland plötzlich mit beruflichen Verpflichtungen konfrontiert. Sie legten eine harte und anklagende Art der Kommunikation an den Tag, die gespickt mit Verallgemeinerungen war – möglicherweise um von der eigenen Enttäuschung abzulenken. Gemeinsam erarbeiteten wir anhand der Prinzipien der Gewaltfreien Kommunikation nach Marshall Rosenberg eine konstruktivere Art der Kommunikation.

Die vier Schritte der Gewaltfreien Kommunikation

1. **Beobachtung:** Teilen Sie Ihrem Partner mit wie Sie die Situation wahrnehmen ohne diese zu bewerten oder zu interpretieren.

2. **Gefühl:** Sagen Sie Ihrem Partner was Ihre Beobachtung in Ihnen auslöst ohne Vorwürfe zu machen oder Anschuldigungen anzubringen.
3. **Bedürfnis:** Lassen Sie Ihren Partner wissen, was Sie von ihm benötigen.
4. **Bitte:** Sprechen Sie eine konkrete Bitte oder einen konkreten Wunsch aus – Ihr Partner kann Ihre Gedanken nicht lesen.

Im Fall von Anna und Roland fanden wir in der Beratung folgende Sätze für Anna:

„Wenn ich sehe, dass du berufliche Termine in unsere verabredete gemeinsame Zeit legst, fühle ich mich traurig und zurück gewiesen. Die gemeinsame Zeit mit dir ist mir sehr wichtig und ich brauche Zuverlässigkeit und das sichere Wissen, dass du alles daran setzt, unsere Verabredungen einzuhalten. Könntest du mir bitte zusichern, dass wir unser ungestörtes Wochenende zu einem anderen Zeitpunkt nachholen und mit mir gemeinsam einen Termin dafür finden?"

Auf diese Weise gelang es Anna, Roland ihre Gefühle und Bedürfnisse mitzuteilen, ohne ihn anzuklagen. Er war sofort bereit, ihrer Bitte nachzukommen und konnte seine Partnerin nun besser verstehen und ihr Trost spenden. Dem Paar gelang eine offene und ehrliche Kommunikation auf Augenhöhe, anstatt eines aufgebrachten und emotionalen Streitgesprächs.

Wenn das Problem in Ihnen selbst liegt

In der Kommunikation mit Ihrem Partner kann es passieren, dass seine Sätze unangenehme Gefühle in Ihnen auslösen. Der einfache Weg zu reagieren wäre, den Partner verantwortlich zu machen, in etwa so: „Du bist schuld, dass es mir schlecht geht, weil du dies und jenes gesagt hast." Tatsächlich ist es aber meist so, dass die Ursache für Ihre schlechten Gefühle nichts mit den Worten Ihres Partners zu tun hat, sondern in Ihnen selbst liegt. Das Thema, das Ihr Partner angeschnitten hat, der Tonfall oder die Wortwahl haben möglicherweise etwas in Ihnen ausgelöst. In der Psychologie sprechen wir dabei von sogenannten „Triggern". Dem Partner nun die alleinige Schuld für Ihre schlechten Gefühle zu geben ist also nicht ganz richtig. Er mag durch sein Verhalten zwar Ihre emotionale Reaktion geweckt haben, die Ursache liegt jedoch in Ihrer persönlichen Erfahrung begründet.

Überlegen Sie also:

- Woran erinnert mich diese Situation?
- Wo habe ich das schon einmal erlebt?
- Worum geht es hier wirklich?
- Was hat mein Partner tatsächlich gesagt und was habe ich interpretiert?

Und teilen Sie Ihrem Partner diese Beobachtungen mit. Mit ein bisschen Übung können Sie es schaffen, solchen Situationen konstruktiv zu begegnen, beispielsweise so:

„Deine Worte treffen mich gerade sehr. Ich fühle mich unverstanden und nicht gehört. Was du gesagt hast weckt bei mir ungute Gefühle, die wahrscheinlich nichts mit der Situation zu tun haben. Es fällt mir gerade schwer, das zu trennen. Ich brauche jetzt Verständnis von dir."

Verbessern Sie die Kommunikation in Ihrer Fernbeziehung

Hier einige weitere Tipps, die die Kommunikation in Ihrer Fernbeziehung verbessern werden:

1. Seien Sie ehrlich

Ihr Partner fragt, ob es in Ordnung ist, dass Sie sich zwei Wochen nicht sehen, weil er Überstunden machen muss? Sagen Sie nur „Ja", wenn Sie es wirklich so meinen! Wem wollen Sie einen Gefallen tun? Sie denken, Ihr Partner erwartet, dass Sie mit „Ja" antworten? Teilen Sie ihm das mit – und Ihre ehrliche Meinung. Sagen Sie ihm: „Ich habe das Gefühl, jetzt „Ja" sagen zu müssen, um dich nicht zu verärgern. Aber ehrlich gesagt, enttäuscht es mich, dass wir uns zwei Wochen lang nicht sehen werden."

2. Reden Sie Klartext

Seien Sie sich über Ihre eigenen Erwartungen im Klaren und kommunizieren Sie diese. Ihr Partner kann Ihre Gedanken nicht lesen. Sie wollen ihn am nächsten Wochenende treffen? Sagen Sie ihm das, statt ihn nach seinen Plänen zu fragen und zu erwarten, dass er Sie von sich aus um ein Treffen bittet. Etwas in der Beziehung läuft nicht nach Ihren Vorstellungen? Sprechen Sie es an, anstatt versteckte Signale zu senden – Ihr Partner wird sie höchstwahrscheinlich übersehen.

3. Hören Sie aktiv zu

Haben Sie wirklich verstanden, was Ihnen Ihr Partner sagen will? Fragen Sie doch einfach mal nach. „Ich habe gehört, dass du zwar kommendes Wochenende keine Zeit hast, mich zu besuchen, dich aber freuen würdest, wenn wir uns am darauffolgenden Wochenende sehen können – ist das richtig?" Und schon ist viel Potenzial für Missverständnisse aus der Situation genommen. Sind Sie sich einmal wirklich nicht sicher, was Ihr Partner Ihnen sagen will? Fragen Sie nach! Fangen Sie nicht an, zu interpretieren. Sagen Sie ihm ganz klar: „Ich habe verstanden, dass wir uns dieses Wochenende nicht sehen können. Was mir noch nicht klar ist, ist wann wir uns stattdessen sehen werden." Fragen Sie doch auch einmal Ihren Partner „Was hast du gerade verstanden als ich mit dir gesprochen habe? Welche Message ist bei dir angekommen?"

4. Sprechen Sie von sich

Neigen Sie dazu, Ihren Partner auf seine Fehler aufmerksam zu machen und anklagend zu reagieren? Lassen Sie das – es wird Sie nicht weiter bringen. Sprechen Sie stattdessen über Ihre eigenen Wünsche und Bedürfnisse. Statt zu sagen „Du rufst immer zu spät an!", sagen Sie besser „Ich wünsche mir, dass du nächstes Mal 30 Minuten früher anrufst." Erklären Sie Ihrem Partner „Es ist gut für mich, wenn wir unsere gemeinsame Zeit frühzeitig planen.", anstatt ihm vorzuwerfen „Du bist unfähig, dich weiter als eine Woche im Voraus festzulegen." Ihr Partner wird Ihren Wunsch sicher gerne erfüllen, sofern es ihm möglich ist. Auf eine Anklage hingegen reagiert wohl fast jeder mit Ablehnung.

5. Verallgemeinern Sie nicht

Gerade im Streit passiert es leicht, dass wir unseren Worten Ausdruck verleihen, indem wir sie verallgemeinern. Werfen auch Sie Ihrem Partner manchmal vor „**immer** die Arbeit vor die gemeinsame Zeit zu schieben", „**nie** einen verabredeten Telefontermin einzuhalten" oder „**jedes Mal** eifersüchtig zu reagieren"? Abgesehen davon, dass Ihr Partner wohl kaum immer, nie oder jedes einzelne Mal auf eine bestimmte Art und Weise agiert, kommen Sie mit dieser Art der Argumentation nicht weit – Ihr Partner wird sofort ein Gegenargument im Sinne von „Das stimmt nicht! Letzten Dienstag habe ich dich pünktlich auf die Minute angerufen!" finden. Vermeiden Sie also Verallgemeinerungen, sondern sprechen Sie stattdessen über die aktuelle relevante Situation.

6. Verzichten Sie auf Interpretationen

Sie haben das Gefühl, schon zu wissen, was Ihnen Ihr Partner sagen will? Lassen Sie sich nicht täuschen. Oft lohnt es sich, genau hinzuhören und nachzufragen. Interpretationen führen schnell zu Konflikten. Der eine Partner meint, besser zu wissen, was der andere Partner denkt, fühlt oder will. Überlassen Sie die Verantwortung für seine Gedanken Ihrem Partner. Er kann Ihnen bei Bedarf seine Sicht der Dinge erklären – Interpretationen sind meist gar nicht nötig und schüren unnötiges Konfliktpotenzial.

7. Sprechen Sie Dinge an, sobald Sie Ihnen auffallen.

Haben Sie Dinge, die Sie stören, bisher häufig für sich behalten, bis Sie explodiert sind? Damit tun Sie niemandem einen Gefallen. Besser: Sprechen Sie Unangenehmes sofort an – und mit sofort meine ich die Sekunde, in der Sie es bemerken! Sagen Sie beispielsweise: „Du hast heute zwei meiner Anrufe nicht entgegen genommen. Dadurch habe ich mich zurückgewiesen gefühlt. Ich wünsche mir, dass wir eine Möglichkeit finden, solche Situationen zukünftig so zu lösen, dass ich mich dabei nicht abgelehnt fühle." In diesem Stadium der Verärgerung ist ein Kompromiss, eine friedliche Lösung, noch möglich. Es kann Ihnen gelingen, Ihre Gefühle und Wünsche neutral zu formulieren und von sich zu sprechen – die Diskussionen über Konflikte in Ihrer Beziehung müssen das Stadium, in dem der Partner verletzt wird und keine konstruktive Problemlösung mehr möglich ist, gar nicht erreichen.

8. Besprechen Sie alles, was nötig ist

Probleme anzusprechen macht selten Spaß – aber es lohnt sich. Lassen Sie nichts aus. Das Konfliktpotenzial steigt erfahrungsgemäß mit der Zeit noch. Kehren Sie nichts unter den Teppich, weil Ihnen unwohl dabei ist, es zu thematisieren. Schaffen Sie besser den geeigneten Rahmen. Manche Themen eigenen sich dafür, am Telefon besprochen zu werden. Andere sind im Videochat gut aufgehoben oder wollen lieber in Kurznachrichten oder E-Mails niedergeschrieben werden. Und einige Themen erfordern das persönliche Gespräch beim nächsten Treffen. Richten Sie sich danach, worüber Sie sprechen wollen – aber tun Sie es!

9. Wärmen Sie alte Geschichten nicht wieder auf

Bleiben Sie beim aktuellen Problem. Vermeiden Sie emotionale Reaktionen in Streitgesprächen, die dazu führen, dass Sie alte, vielleicht noch nicht bewältigte Konflikte aufkochen lassen. Besprechen Sie nur ein Thema auf einmal. Unbearbeitete Konflikte sollten irgendwann zum Thema in Ihrer Beziehung werden um nicht als Dauerproblem zu enden. Sprechen Sie solche Themen am besten im persönlichen Kontakt an und suchen Sie gemeinsam und friedlich nach einer Lösung.

10. Schenken Sie Ihrem Partner Ihre Zeit und Aufmerksamkeit

Wenn Sie mit Ihrem Partner kommunizieren, sollten Sie sich dafür Zeit nehmen und Ihre volle Aufmerksamkeit auf das Gespräch richten. Natürlich bietet sich der Weg zur U-Bahn an, um das tägliche Telefonat mit Ihrem Partner zeitsparend durchzuführen. Sie werden allerdings abgelenkt sein, vielleicht in Eile, und Ihrem Partner keinesfalls Ihre volle Aufmerksamkeit schenken können. Es spricht nichts gegen diesen kurzen Austausch zwischendurch – planen Sie jedoch auch ausführliche Gespräche ein, egal ob über Videochat oder Telefon. Nehmen Sie sich ausreichend Zeit dafür, suchen Sie sich einen ungestörten Ort und stellen Sie sicher, dass Ihre Verbindung stabil ist – und fordern Sie dies auch von Ihrem Partner ein. Gerade in Fernbeziehungen sind diese Faktoren ein Zeichen von Respekt füreinander sowie von Fürsorge und Zuwendung. In diesem Zusammenhang ist es auch wichtig, Ihren Partner aussprechen zu lassen. Denn Sie wissen nicht immer, was er Ihnen eigentlich sagen wollte.

11. Sparen Sie sich Verletzungen und Schuldzuweisungen

Sie sind wütend auf Ihren Partner und haben richtig Lust, ihm all seine schlechten Eigenschaften auf einmal an den Kopf zu werfen? Unterlassen Sie das! Sie tun sich und Ihrer Beziehung keinen Gefallen. Erfahrungsgemäß werden Sie sich danach nicht mal besser fühlen, sondern, von einem schlechten Gewissen geplagt, die Scherben Ihrer Beziehung zusammenkehren müssen. Probieren Sie doch beim nächsten Mal, Ihre Emotionen auszusprechen, in etwa so: „Ich bin gerade so sauer auf dich. Ich weiß gar nicht wohin mit all meiner Wut." Und sehen Sie, was das mit Ihnen macht. Es ist auch immer erlaubt, sich eine kurze Auszeit zu nehmen. Sagen Sie Ihrem Partner, dass Sie sich beruhigen müssen und ihn wieder anrufen werden, wenn Sie sich entspannt haben. Das ist allemal besser, als impulsive Beleidigungen anzubringen.

12. Sie dürfen verschiedene Ansichten und Meinungen haben

Ja, Sie sind ein Paar. Und ja, wahrscheinlich sind Sie sich auch die nächsten Vertrauten. Und trotzdem müssen Sie nicht über alles gleich denken. Sie dürfen sich in einigen Einstellungen voneinander unterscheiden. Sich an der Meinung des Anderen zu reiben kann sogar gut tun und die Beziehung beleben. Oder wollen Sie sich beim Telefonieren irgendwann nichts mehr zu sagen haben, weil Sie sowieso über alles und jeden die gleiche Meinung haben? Distanzieren Sie sich von bestimmten Einstellungen Ihres Partners, wenn sie damit nicht einverstanden sind. Sagen Sie sich: „Er ist mein Partner und ich stehe hinter ihm und unterstütze ihn. Trotzdem denke ich in diesem Punkt anders als er. Seine Meinung ist nicht meine Meinung und ich trage nicht die Verantwortung für seine Einstellung." Hilft das?

13. Geben Sie Ihrem Partner Recht, wenn er es verdient

Auch wenn es vor allem im Streit manchmal schwer zu akzeptieren ist: Auch Ihr Partner kann mal im Recht sein. Gestehen Sie ihm das zu! Nur aus Trotz immer noch dagegen zu reden, auch wenn all Ihre Argumente längst wiederlegt sind, führt zu nichts. Sagen Sie ihm, dass Sie einsehen, dass er die bessere Position vertritt und im Recht ist. Gestehen Sie ihm zu, Sie überzeugt zu haben. Er wird sich darüber freuen.

14. Überlegen Sie immer: Worum geht es mir gerade wirklich?

Ziehen Sie immer wieder das Zwischenfazit: Sprechen Sie noch über das Thema um das es wirklich geht? Was möchten Sie Ihrem Partner wirklich sagen? Verhindern Sie, von sich selbst abzulenken, indem Sie auf dem Fehlverhalten Ihres Partners herumhacken. Bleiben Sie in der konstruktiven Problemlösung – weg von Interpretationen und Schuldzuweisungen.

15. Seien Sie nicht nachtragend

Streit und Diskussionen gehören dazu. Geben Sie sich Mühe, beides danach aber beiseite zu legen. Sie haben sich geeinigt? Dann belassen Sie es dabei! Holen Sie das Thema nicht wieder auf den Tisch sobald Ihnen irgendetwas nicht passt. Geben Sie sich und Ihrem Partner die Chance auf eine Einigung und die Möglichkeit, offen und ehrlich miteinander zu kommunizieren.

Auf den Punkt gebracht

Die richtige Kommunikation kann die Vermeidung von Konflikten unterstützen und Basis für eine erfüllende Fernbeziehung sein. Achten Sie deshalb darauf, offen und ehrlich zu kommunizieren. Sprechen Sie Probleme mit dem Ziel an, eine konstruktive Lösung zu erwirken, ohne Ihren Partner anzuklagen. Beschreiben Sie nach den Regeln der Gewaltfreien Kommunikation Ihre eigenen Beobachtungen und Gefühle. Nennen Sie Ihrem Partner Ihre Bedürfnisse und äußern Sie einen konkreten Wunsch. Nehmen Sie sich trotz der Distanz regelmäßig Zeit für Gespräche in Ihrer Fernbeziehung und achten Sie auf eine respekt- und liebevolle Gesprächskultur.

Herausforderung 1: Erwartungen

Kennen Sie den Wunsch, die gemeinsame Zeit mit Ihrem Partner harmonisch zu verbringen und Konflikte oder Streit zu vermeiden? Ein typisches Phänomen in Fernbeziehungen. Trotzdem kommt es immer wieder zu Meinungsverschiedenheiten, die sich negativ auf die Qualität der Treffen auswirken können. Der Grund hierfür liegt oft in unterschiedlichen Erwartungen, die die Partner gegenseitig an einander stellen aber nicht erfüllen. Zudem spielen Erwartungen von außen, beispielsweise durch die Familie oder den Freundeskreis, eine Rolle. Die Lösung besteht meist darin, sich dieser verschiedenen Erwartungen bewusst zu werden und richtig zu kommunizieren.

Beispiel aus der Praxis

Maria und Stefan lebten seit ungefähr einem Jahr in einer Fernbeziehung als sie mich kontaktierten. Sie hatten festgestellt, dass es an gemeinsamen Wochenenden oft zu Streit kam – einen handfesten Grund gab es dafür nie. Eher ging es um die unterschiedlichen Vorstellungen, die das Paar bezüglich der gemeinsamen Zeitgestaltung hatte. Maria hatte eine Leidenschaft für Reportagen. Regelmäßig überredete sie Stefan dazu, diese im Kino mit ihr zu sehen. Während sie in den Filmen aufblühte, danach großen Diskussionsbedarf hatte und von nichts anderem mehr reden wollte, langweilte er sich während des gesamten Films, konnte keinen Zugang finden und war froh, als der Film beendet war. Nach dem Kinobesuch noch den Inhalt der Reportage zu diskutieren, war das Letzte, was sich Stefan vorstellen konnte. Maria warf ihm deshalb in der Beratung vor, desinteressiert zu sein –

nicht nur am Film sondern an ihr und der Beziehung im Generellen. Stefan fühlte sich ungerecht behandelt, da er den gemeinsamen Kinobesuch als Geständnis seiner Zuneigung ihr gegenüber empfand und Dank dafür erwartete.

Erwartungen an den Partner

Haben Sie sich schon einmal bewusst gemacht, was Sie von der gemeinsamen Zeit mit Ihrem Partner erwarten? Was wünschen Sie sich in der Zeit, die Sie zusammen verbringen, von ihm oder ihr? Und was in der Zeit dazwischen?

Oft steht der Wunsch, gemeinsam zu entspannen und den Stress der Woche hinter sich zu lassen, im Vordergrund – es geht darum, gemeinsam einige schöne Tage zu verbringen. Möchten Sie möglichst viel Zeit mit Ihrem Partner allein verbringen oder haben Sie den Wunsch, die gemeinsame Zeit zu nutzen um den Partner endlich Ihrer Familie vorzustellen oder in Ihren Freundeskreis zu integrieren? Möchten Sie die gemeinsame Zeit aktiv gestalten und möglichst viel zusammen unternehmen oder würden Sie am liebsten das gesamte Wochenende im Bett verbringen?

Auch die Zeit zwischen den Treffen kann auf verschiedenste Weise gestaltet werden. Wollen Sie in ständigem Kontakt mit Ihrem Partner stehen, sich über Nachrichten auf dem Laufenden halten, wo und mit wem Sie sich gerade aufhalten, oder reicht Ihnen ein Skype-Gespräch pro Woche? Viele Paare haben für sich einen Rhythmus gefunden, haben beispielweise feste Telefonzeiten oder schreiben sich morgens und abends je eine längere Nachricht.

Für die Art der Zeitgestaltung während und zwischen den Treffen gibt es keine Regeln, kein Richtig und Falsch. Das Bedürfnis kann sich von Woche zu Woche ändern und jeder Mensch und jede Fernbeziehung sind unterschiedlich. Trotzdem bietet dieses Thema genug Spielraum für mögliche Konflikte. Versuchen Sie deshalb, meinen ersten Tipp zu befolgen:

Fernbeziehungs-Tipp 1

Werden Sie sich darüber klar, was Sie wollen.

All Ihren Erwartungen liegen Bedürfnisse zugrunde. Wenn Sie diese erkennen, wird es Ihnen leichter fallen, die Beziehung mit Ihrem Partner den Erwartungen entsprechend zu gestalten. Folgende Bedürfnisse stecken meiner Erfahrung nach häufig hinter den Erwartungen in Paarbeziehungen: Der Wunsch nach (körperlicher) Nähe, Zuneigung, Geborgenheit, Aufmerksamkeit und Zusammengehörigkeit. Das Streben nach Dominanz, Macht, Unabhängigkeit oder Individualität. Das Bedürfnis nach Entspannung und Ablenkung.

Wichtig ist: Jedes Bedürfnis will erstmal als solches akzeptiert werden – es gibt keine „falschen" Bedürfnisse. Jedes Bedürfnis hat seine Berechtigung. Es gibt kein Bedürfnis für das Sie sich schämen müssen – es gibt einen guten und berechtigten Grund für jedes Bedürfnis.

Um Ihre Erwartungen jedoch erkennen zu können – und Ihrem Partner so die Chance zu geben, sie zu erfüllen – sollten Sie ein Bewusstsein für Ihre eigenen Wünsche und Bedürfnisse aufbauen. Fragen, die Sie sich selbst stellen können, um sich Ihrer Bedürfnisse und Erwartungen bewusst zu werden, können die folgenden sein:

- Was wünsche ich mir gerade wirklich?
- Wenn alles möglich wäre, wie sollte die Situation dann sein?
- Wenn mein Partner alles so macht, dass ich richtig zufrieden bin, was macht er dann?
- Welche Emotionen sind gerade da?
- Was stört mich gerade konkret?

Nicht jede Frage ist für Sie relevant – beantworten Sie nur diejenigen, die Sie wirklich ansprechen. Sich den Idealzustand bewusst zu machen, hilft Ihnen, darauf zu schließen, welche Erwartungen Sie Ihrem Partner gegenüber haben.

So können Sie sich selbst und Ihre Beziehungswünsche kennenlernen. Sind Sie eher der Typ für viel Kontakt oder brauchen Sie unter der Woche Ruhe und Zeit für sich? Möchten Sie die gemeinsame Zeit aktiv und umgeben von Freunden und Familie gestalten oder ruhig und zweisam? Was sind Hobbies, die Sie auch in der Fernbeziehung nicht vernachlässigen möchten? Nur Sie wissen, was in Ihrem Leben wichtig ist. Nur Sie können beantworten, worauf Sie in der Beziehung und der Gestaltung der gemeinsamen Zeit sowie der Menge an Kontakt Wert legen. Und wenn Sie das wissen ist es an der Zeit, Ihrem Partner Ihre Erwartungen zu vermitteln.

> **!** **Fernbeziehungs-Tipp 2**
>
> Kommunizieren Sie Ihre Erwartungen.

Egal auf welchem Weg: Teilen Sie Ihre Erwartungen mit Ihrem Partner! Rufen Sie ihn vor dem gemeinsamen Wochenende an, schreiben Sie ihm eine Nachricht oder besprechen Sie es beim Zusammentreffen persönlichen – teilen Sie ihm mit, wie Sie sich die gemeinsame Zeit vorstellen und was Sie sich gerade von ihm und der Beziehung wünschen. Denn Fakt ist: Ihr Partner kann Ihre Erwartungen nur erfüllen, wenn er sie kennt.

Beachten Sie bei der Kommunikation Ihrer Erwartungen die Tipps aus dem vorherigen Kapitel und teilen Sie nicht nur Ihre Erwartungen mit, sondern auch das zugrundeliegende Bedürfnis. Sagen Sie beispielsweise: *„Ich wünsche mir, dass unsere Beziehung realer und greifbarer wird. Deshalb möchte ich dir mein Lieblingscafé zeigen."* oder *„Ich habe gerade das Bedürfnis nach Ruhe und Nähe zu dir. Ich wünsche mir, am Samstag mit dir auszuschlafen und gemeinsam im Bett zu frühstücken."*

Ihre Bedürfnisse sind nicht in jeder Woche die gleichen – das gilt auch für Ihre Erwartungen. Ihre Meinung darf sich ändern! Sie benötigen wahrscheinlich nicht in jeder Woche die gleiche Menge an Kontakt, haben in Wochen, die von beruflichem Stress geprägt sind, weniger Zeit für Telefonate und Skype-Gespräche. Während Sie am einen Wochenende Lust auf Aktivität und Kontakt haben, wünschen Sie sich am nächsten Ruhe und Zweisamkeit. Das ist in Ordnung! Die Kommunikation Ihrer Bedürfnisse und Erwartungen ist kein einmaliges Ereignis sondern ein Prozess. Sie sollten sie in jeder Woche neu bestimmen und mitteilen. Eine gelungene Kommunikation der eigenen Bedürfnisse bietet viel Potenzial für die Verbesserung der Beziehungsqualität und hilft, Enttäuschungen zu vermeiden.

Erwartungen durch den Partner

Sie und Ihr Partner stehen sich nahe. Sie kennen sich gut, wissen oft wie der Andere tickt. Das bedeutet aber nicht, dass Sie bereits wissen, was Ihr Partner will. Vielleicht meinen Sie, Ihren Partner so gut zu kennen, dass Ihnen bereits klar ist, worauf Ihr Partner Lust hat und wonach ihm zumute ist. Vorsicht – damit liegen Sie nicht immer richtig! Selbst wenn Sie im Laufe der Woche mit Ihrem Partner in Kontakt standen, können Sie nie ganz sicher sein in welcher Stimmung Ihr Partner gerade ist, was ihn beschäftigt und worüber er nachdenkt. Manchmal kommt es in Beziehungen auch zu sogenannten Projektionen. Das bedeutet, dass Sie von dem, was Sie gerade wollen, darauf schließen, was Ihr Partner wohl wollen muss. Damit liegen Sie oft falsch. Nur weil Sie Lust haben, in die Berge zu gehen und Ihr Partner generell gerne Bergsteigen geht heißt das nicht, dass ihm auch an diesem Wochenende nach einer Bergtour zumute ist. Beachten Sie deshalb folgenden Tipp:

> **!** **Fernbeziehungs-Tipp 3**
> Hören Sie die Erwartungen Ihres Partners.

Fragen Sie Ihren Partner konkret nach seinen Erwartungen. Da wahrscheinlich auch er fälschlicherweise davon ausgeht, Sie wüssten bereits über seine Bedürfnisse und Wünsche Bescheid, wird er sie Ihnen mit großer Wahrscheinlichkeit nicht von selbst mitteilen.

Denken Sie nicht, dass Sie schon wissen, was er will. Lassen Sie es sich von ihm selbst erzählen. Wenn Sie denken, seine Erwartungen verstanden zu haben, fragen Sie nach. Erzählen Sie ihm, was sie gehört haben und hinterfragen Sie, ob Sie ihn richtig verstanden haben. So können Sie Missverständnissen vorbeugen und sicher gehen, dass Sie beide sicher wissen, was der andere von der gemeinsamen Zeit und Ihrer Beziehung generell erwartet. Sie können die Erwartungen Ihres Partners bereits im Vorfeld bei einem Telefongespräch oder per Nachricht klären oder die Planung der gemeinsamen Zeit offen lassen bis Sie sich sehen.

Wenn Sie nun die Wünsche Ihres Partners sowie Ihre eigenen Wünsche kennen, beginnt die Verhandlungsphase. In dieser werden Sie sich darüber einig, wie Sie Ihre gemeinsame Zeit verbringen. Meist wird ein Kompromiss geschlossen, bei dem beide Erwartungen bestmöglich erfüllt werden. Hierbei ist es wichtig, die eigenen Grenzen und kennen und zu wahren. Es bringt Ihrer Beziehung nichts, wenn ein Partner dem anderen zuliebe etwas tut, wonach ihm nicht ist. Beachten Sie deshalb den folgenden Tipp:

Fernbeziehungs-Tipp 4

Entscheiden Sie, ob Sie die Erwartungen Ihres Partners erfüllen können und wollen.

Beispiel aus der Praxis

Maria hatte das Bedürfnis nach Verbundenheit mit Stefan. Sie erwartete, dass Stefan sich für ihre Interessen begeistere und wollte angeregte Gespräche mit ihm führen. Stefan hingegen ging davon aus, Maria erwarte einen gemeinsamen Kinobesuch von ihm. Nachdem er dem nachkam erwartete er wiederum Dankbarkeit von ihr und wollte den Inhalt des Films nicht weiter vertiefen.

In der Beratung konnte das Paar die Erwartungen des jeweils anderen verstehen und anerkennen. Sie stellten jedoch auch fest, dass sie nicht bereit waren, die gegenseitigen Erwartungen zu erfüllen. Das Paar einigte sich darauf, dass Maria ihr Interesse an Reportagen zukünftig mit einer Freundin mit ähnlichen Interessen auslebte – wochentags, wenn sie und Stefan sowieso getrennt voneinander sind. Stefan konnte ihr Bedürfnis nach Verbundenheit und Austausch jedoch gut annehmen und hatte Interesse daran, in der gemeinsamen Zeit Themen mit Maria zu diskutieren, die sie beide interessierten und Möglichkeit zu einem angeregten Austausch boten.

Dauerhaft wird Ihre Fernbeziehung nur dann stabil sein, wenn Sie den Erwartungen Ihres Partners gerne nachkommen. Lassen Sie sich nicht um den Frieden in der Beziehung willen auf etwas ein, auf das Sie keine Lust haben. Auch andersrum verhält es sich so: Akzeptieren Sie die Grenzen Ihres Partners und drängen Sie ihn nicht zu Aktivitäten, gegen die er sich sträubt. Möglicherweise kommen Sie in bestimmten Punkten zu dem Schluss, dass es Dinge in der Beziehung gibt, die Sie nur getrennt voneinander erleben können, weil ein Partner sich nicht damit identifiziert. Das ist gut so und an diesem Punkt bietet die Fernbeziehung eine Chance: Sie haben in der Zeit, in der Sie räumlich voneinander getrennt sind, mehr als genug Möglichkeiten, Ihren eigenen Interessen und Hobbies nachzukommen. Versuchen Sie, die gemeinsame Zeit so zu gestalten, dass sie für Sie beide einen Mehrwert bietet.

Erwartungen von außen (Familie, Freundeskreis, Gesellschaft)

Zusätzlich zu den eigenen Erwartungen, haben oft auch die Menschen im Umfeld etwas beizutragen. Freunde und Familie fragen nach, wann die Distanz endlich verringert wird, wie Sie sich die gemeinsame Zukunft vorstellen und wann Sie planen, eine Familie zu gründen. Viele Paare in Fernbeziehungen hören Sätze wie: „Ihr wollt das doch nicht richtig, sonst würdet ihr doch den Job wechseln – jeder will doch mal ankommen." Vor kurzem erzählte mir eine Klientin, ihre Familie erkenne ihre Beziehung gar nicht an und tue so, als sei sie Single. Freunde beschweren sich oft, dass die Zeit für gemeinsame Aktivitäten am Wochenende so rar sei. Kurzum: Jeder meint irgendwie bei Ihrer Beziehung mitreden zu können.

Fakt ist: Ihre Beziehung geht niemanden außer Sie beide etwas an. Keine Mutter, keine beste Freundin und auch keine Nachbarin weiß so gut wie Sie, was Sie wollen. Und das sollten Sie klarstellen.

Oft beeinflussen Aussagen von außen die eigenen Erwartungen an die Beziehung. Wenn Sie sich ständig mit Fragen danach, wie und wann es weiter geht, auseinandersetzen müssen, hilft nur eines:

> **!**
> **Fernbeziehungs-Tipp 5**
> Machen Sie ihrem Umfeld klar, dass es keine Erwartungen an Ihr Leben stellen soll.

Sie wissen am besten, was gut für Sie und Ihre Beziehung ist. Setzen Sie Vertrauen in sich selbst und teilen Sie Ihrem Umfeld mit, dass Sie Ihre eigene Entscheidung treffen wollen. Manchmal steckt hinter den Erwartungen, die Ihr Umfeld bezüglich Ihrer Beziehung äußert, der Wunsch, Sie zu schützen. Meist wollen die Menschen, die Ihnen nahe stehen, nur, dass es Ihnen gut geht und sehen Ihre Beziehung als den falschen Weg dafür an. Machen Sie ihnen klar, dass Ihr Partner und Ihre Beziehung das sind, was Sie wollen. Sagen Sie ihnen, was ihre Erwartungen mit Ihnen machen und Sie werden besser verstanden werden.

Kommunikation kann Wunder bewirken. Ehrlichkeit und Offenheit bauen Nähe auf und führen dazu, dass Sie verstanden werden. Und sollte alles nichts helfen, muss Klartext gesprochen werden: „Mein Leben geht dich nichts an und ich möchte keine weiteren Ratschläge in Bezug auf meine Beziehung mehr von dir" – Auch ein solcher Satz ist manchmal berechtigt und notwendig.

Auf den Punkt gebracht

Der Einfluss von Erwartungen auf unsere Beziehungsgestaltung ist riesig. In Ihrer Fernbeziehung sind Sie mit vielschichtigen Erwartungen konfrontiert – Ihren eigenen Erwartungen an Ihren Partner, seinen Erwartungen an Sie sowie Erwartungen aus Ihrem Umfeld, sei es die Familie oder der Freundeskreis, an Ihre Beziehung. Lernen Sie sich selbst gut kennen, überprüfen Sie Ihre eigenen Erwartungen und teilen Sie sie Ihrem Partner mit. Hören Sie ihm aufrichtig zu und setzen Sie dort Grenzen, wo es nötig ist. So wird es Ihnen gelingen, den Erwartungen in Ihrer Fernbeziehung erfolgreich zu begegnen.

Herausforderung 2: Vertrautheit und Intimität

Die gemeinsame Zeit, die die Partner in einer Fernbeziehung verbringen, ist meist knapp und unregelmäßig. Es ist fast unmöglich, eine Routine zu entwickeln, wie es sie in Nahbeziehungen gibt. Gerade nach längeren Phasen der räumlichen Trennung sind die Vertrautheit und Intimität zwischen den Partnern verschwunden. Der allgemeine Wunsch besteht darin, diese so schnell wie möglich wiederherzustellen.

Definition

Intimität bezeichnet den Zustand tiefster Vertrautheit. Sie herrscht in der sogenannten Intimsphäre – einem persönlichen Bereich, der nur Sie und Ihren Partner betrifft. Intimität kann durch körperlichen Kontakt zustande kommen – vom Blickkontakt über den Körperkontakt mit direkten Berührungen bis hin zum Geschlechtsverkehr als Ausdruck der sexuellen Intimität. Unter Vertrautheit wird die intime Art des Umgangs miteinander Definition Start verstanden.

Wenn man so wenig gemeinsame Zeit teilt wie in einer Fernbeziehung, kann es schwierig sein, sich mit dem Leben des Anderen zu identifizieren und einen Platz darin zu finden. Es fällt schwer, die Nähe, die man während der gemeinsamen Zeit aufgebaut hat, in Phasen der Trennung zu erhalten. Beim Wiedersehen kann es zudem dauern, bis man sich wieder aneinander gewöhnt hat.

Den Draht zueinander wiederfinden

Vielleicht kommt Ihnen eine der folgenden Situationen bekannt vor:

- Beim Aufeinandertreffen wirkt Ihr Partner fremd. Das Bild, das sich durch die Telefonate und Textnachrichten in Ihrem Kopf gefestigt hat, stimmt nicht mit dem Menschen überein, den Sie sehen.
- Ein Partner braucht Nähe, um den Kontakt wiederherzustellen. Er möchte beispielweise sofort Händchen halten sowie tiefe, innige Umarmungen und hat das Bedürfnis nach sexuellem Kontakt, um sich nahe zu fühlen. Der andere Partner hingegen benötigt ein langsames Antasten. Ein langes Gespräch oder ein gemeinsamer Spaziergang sind für ihn nötig, um sich bei dem Anderen wieder sicher zu fühlen.
- Das Wiedersehen findet immer mit dem Gedanken im Hinterkopf statt, dass die gemeinsame Zeit begrenzt ist. Sie fühlen sich unter Druck gesetzt, jede Minute ausnutzen zu müssen und nehmen sich deshalb nicht die Zeit, sich langsam wieder anzunähern.

Der Druck, den Sie spüren, ist verständlich und nachvollziehbar. Und gleichzeitig ist es wichtig, dass Sie sich die Zeit nehmen, beim Anderen anzukommen und sich wieder ganz wohlzufühlen. Aus meiner persönlichen Erfahrung heraus und durch all die Gespräch mit Klienten in meiner Fernbeziehungsberatung, kann ich Ihnen versichern, dass die gemeinsame Zeit viel intensiver und schöner wird, wenn Sie sich auf Ihre ganz persönliche Art und Weise und in Ihrem eigenen Tempo wieder annähern und sich alles erlauben, was Sie brauchen, um wieder in der Beziehung und im Kontakt anzukommen.

! Fernbeziehungs-Tipp 6
Sprechen Sie miteinander.

Dies ist wohl der wichtigste Tipp, um nach Zeiten räumlicher Trennung wieder Nähe aufzubauen. Sagen Sie Ihrem Partner wie Sie sich fühlen. Was Ihnen Angst macht. Worüber Sie vielleicht überrascht oder enttäuscht sind. Was in Ihnen vorgeht und was Sie brauchen. Geben Sie dem Anderen die Chance, zu verstehen, welche Gedanken Sie beschäftigen und geben Sie ihm somit die Möglichkeit, Ihre Wünsche und Erwartungen zu erfahren und zu erfüllen. Fragen Sie Ihren Partner nach seinen Gedanken, Gefühlen und Wünschen und gehen Sie miteinander in einen offenen und ehrlichen Austausch. Beachten Sie dabei die Kommunikations-Tipps aus dem ersten Kapitel.

Schwierigkeiten beim Aufbau von Nähe erlebe ich oft dann, wenn die Partner verschiedene Bedürfnisse haben – wenn sich der eine nach starker Körperlichkeit sehnt, der andere sich aber langsam antasten muss; wenn ein Partner sich über Sprechen annähert während der andere körperliche Berührungen braucht. Oft entsteht bei einem Partner dann das Gefühl, nicht gehört oder zu sehr bedrängt zu werden.

! Fernbeziehungs-Tipp 7
Geben Sie sich Raum für eigene Empfindungen.

Bedenken Sie: Sie sind zwei Menschen mit unterschiedlichen Bedürfnissen und Erwartungen. Auch wenn Sie sich gut kennen, können Sie nicht wissen, wie es dem Anderen gerade geht. Sprechen Sie darüber, wie Sie sich fühlen. Sprechen Sie darüber, was Sie sich von diesem Treffen erwarten. Was Sie gerade beschäftigt, was Ihre Ängste und Hoffnungen sind. Befolgen Sie die Tipps aus dem vorangegangen Kapitel: Werden Sie sich über Ihre eigenen Erwartungen und Bedürfnisse bewusst, kommunizieren Sie diese und seien Sie offen für die Erwartungen und Bedürfnisse Ihres Partners.

Sich aneinander gewöhnen und beieinander ankommen

Das Ziel beim Wiedersehen besteht meistens darin, die Vertrautheit so schnell wie möglich wiederaufzubauen, auch wenn ein Partner dafür eigentlich mehr Zeit benötigt. Dafür gilt in erster Linie folgende Regel: Machen Sie sich keinen Stress! Ja, Sie haben nicht unendlich Zeit. Trotzdem benötigen Sie genau die Menge an Zeit, um sich vertraut zu werden, die Sie eben brauchen. Es gibt jedoch einige Möglichkeiten, Sie dabei zu unterstützen, schneller Nähe zueinander aufzubauen.

> **Fernbeziehungs-Tipp 8**
> Finden Sie Rituale für Ihre Fernbeziehung.

Begrüßung und Abschied können erleichtert werden, wenn Sie Rituale dafür finden. Es handelt sich dabei nicht um große spirituelle Prozeduren: Manchmal helfen Kleinigkeiten, um gut beim Anderen ankommen zu können. Ein Ritual in Ihrer Fernbeziehung dient dazu, den Körper und Geist darauf einzustellen, wo er ist und mit wem. Gleichzeitig werden Gedanken, Erinnerungen und Gefühle geweckt, die wohltuend sind, und Ihnen helfen, sich wieder sicher und geborgen bei Ihrem Partner zu fühlen. Es ist gut, die Sinne intensiv in die Rituale miteinzubeziehen, beispielweise den Hörsinn oder den Geschmackssinn. Auch Berührungen können helfen, schnell wieder Nähe herzustellen.

Einige meiner Klienten haben mir bereits von solchen Ritualen in ihrer Beziehung berichtet. Ein paar dieser Rituale habe ich hier für Sie gesammelt – es ist allerdings nur eine Auswahl. Welches Ritual zu Ihnen und Ihrer Beziehung passt, finden Sie am besten selbst heraus. Von den folgenden können Sie sich inspirieren lassen:

- Eine Klientin berichtete mir, dass sie und ihr Partner auf jeder Autofahrt vom Bahnhof zu seiner oder ihrer Wohnung ein ganz bestimmtes Lied zusammen anhören. In dieser Zeit sprechen sie nicht, sondern konzentrieren sich ganz auf die Musik. Auch auf dem Rückweg, nach der gemeinsam verbrachten Zeit, hören sie wieder dieses Lied. Meine Klientin berichtete, dass es ihr dadurch leichter fällt, sich wieder auf die Begegnung einzulassen und sie das Gefühl hat, bereits nach wenigen Minuten angekommen zu sein.
- Ein anderer Klient erzählte mir, dass er und seine Partnerin sich immer direkt nach der Ankunft gemeinsam in ein Café setzen. Die Zeit dort nutzen sie, um sich erst einmal auszutauschen über alles, was in den letzten Tagen passiert ist. So gelingt es ihnen, sich langsam näher zu kommen. Sie können sich eine Weile nur gegenseitig anschauen, um sich wieder daran zu gewöhnen, den Partner um sich zu haben. Während der Zeit im Café verringern sie zudem Stück für Stück den Abstand zueinander. Während sie sich

beispielsweise anfangs oft gegenübersitzen, setzen sie sich nach einigen Minuten nebeneinander und kommen sich so auf ganz langsame Weise Schritt für Schritt näher.

- Ein besonders schönes Ritual erzählte mir eine Klientin, die ihren Partner etwa alle zwei Wochen sieht. Sie berichtete, dass sie bei jedem Wiedersehen mit ihrem Freund gemeinsam vom Bahnhof zu seiner Wohnung schlendern. Anfangs geben sie sich nur die kleinen Finger, dann erobert er langsam ihre ganze Hand und wenn sie seine Wohnung erreichen fühlt sie sich ihm schon viel näher.
- Von einem anderen Paar weiß ich, dass sie bei jedem gemeinsamen Wiedersehen – etwa alle 2 Monate – das gleiche Essen kochen. Der Geschmack und der Geruch wecken somit Erinnerungen bei den beiden und wirken verbindend.
- Eine Klientin erzählte mir, dass sie und ihr Partner immer einige Minuten bevor der Zug, mit dem sie zu ihm fährt, den Bahnhof erreicht, telefonieren. Sie erzählen sich schon am Telefon, wenige Minuten vor ihrem Treffen, wie sie sich fühlen, ob sie aufgeregt sind und wie es ihnen gerade geht. Sie berichtete, dass sie noch mit dem Telefon am Ohr aus dem Zug steigt und erst auflegt, wenn ihr Partner vor ihr steht.

Identifikation mit dem Partner und der Beziehung

Manche Paare berichten mir, das Gefühl zu haben, ihre Beziehung sei kein Teil ihres „echten" Lebens. Möglicherweise fällt es auch Ihnen manchmal schwer, den Alltag Ihres Partners nachzuvollziehen, weil Sie zum Beispiel nur wenige seiner Freunde kennen? Haben Sie den Eindruck, Ihr Partner kann die Erlebnisse und Geschichten, die Sie aus Ihrem Alltag erzählen, gar nicht nachvollziehen?

All das kann damit zusammenhängen, dass Sie sich in der meisten Zeit getrennt voneinander aufhalten. Die wenige Zeit, die Sie gemeinsam verbringen, möchten Sie möglicherweise in Zweisamkeit genießen. Es reicht Ihnen, beieinander zu sein und sich endlich mal richtig und wahrhaftig zu haben. Diese Zeiten, die Sie zusammen verbringen, haben wahrscheinlich wenig mit Ihrem echten Alltag zu tun. Das ist kein Wunder! Auch ich kenne den Wunsch, die wenigen gemeinsamen Stunden so intensiv wie möglich und nur miteinander zu verbringen. Viele meiner Klienten erzählen mir allerdings, dass sie das Gefühl haben, kein Teil des realen Lebens ihres Partners zu sein. Sie sehnen sich danach, einen Platz in seinem Leben zu finden und wollen auch umgekehrt ihm Raum in ihrem eigenen Leben einräumen.

Ein paar kleine Tricks können helfen, um besser im Leben des Anderen anzukommen und auch die Tore zum eigenen Leben für den Partner zu öffnen.

Fernbeziehungs-Tipp 9

Nennen Sie die Dinge beim Namen.

Achten Sie auch am Telefon darauf, die Namen Ihrer Freunde oder Kollegen zu nennen oder den Namen des Restaurants, Cafés oder der Bar, in der Sie waren. So kann sich der andere ein Bild darüber machen, wie Sie Ihren Alltag ohne ihn gestalten. Wenn er die Freunde oder Kollegen vielleicht sogar kennt oder Sie schon einmal gemeinsam in diesem Restaurant waren, schafft allein die Erzählung darüber ein Gefühl der Verbundenheit. Versuchen Sie auch über die Entfernung von Ihrem Alltag zu erzählen und Ihren Partner so daran teilhaben zu lassen.

Fernbeziehungs-Tipp 10

Schaffen Sie dem Anderen Platz in Ihrem Leben.

Richten Sie in Ihrer Wohnung kleine Ecken für Ihren Partner ein. Ein eigenes Schrankfach kann beispielsweise helfen, sich schon beim Ankommen mehr Zuhause zu fühlen, weil schon ein T-Shirt und eine Zahnbürste da sind. Außerdem schaffen Sie so einen Raum, an dem Ihr Partner bei einem Besuch seine mitgebrachten Dinge verstauen kann. Das schafft ihm ein Gefühl des Ankommens und Zuhause seins. Die ersten Minuten mit Auspacken zu verbringen kann außerdem ein Ritual des sich auf die gemeinsame Zeit Einlassens werden.

Fernbeziehungs-Tipp 11

Sorgen Sie für gemeinsame Erinnerungen.

Wenn Sie sich auch in der jeweiligen Stadt gemeinsame Erinnerungen schaffen, gelingt es, die Beziehung nicht nur abstrakt und unreal zu halten: Sie werden jedes Mal, wenn Sie den Ort aufsuchen an die gemeinsam dort verbrachten Stunden erinnert. Das führt dazu, die Erinnerungen aufrecht zu erhalten und sich mit Ihrem Partner auch über die Entfernung und in der getrennten Zeit verbunden zu fühlen.

Einen Platz im Leben des Anderen finden

Bei so wenig gemeinsamer Zeit, wie es in Fernbeziehungen üblich ist, erscheint es verführerisch, die gemeinsame Zeit zu zweit zu verbringen. Viel zu selten haben Sie ohnehin die Möglichkeit, Ihren Partner für sich zu haben, sich zu zweit auszutauschen und sich nur aufeinander zu konzentrieren. Das kann gut für Ihre persönliche Bindung und Beziehung sein, erschwert jedoch, einen Platz im Leben des Partners zu finden. Eine gute Balance ist dafür wichtig.

Fernbeziehungs-Tipp 12

Pflegen Sie einen gemeinsamen Freundeskreis.

Es lohnt sich, einen Teil der gemeinsamen Zeit für Besuche bei Freunden oder der Familie einzuräumen. Hier heißt es: Finden Sie das richtige Mittelmaß. Vielleicht können Sie nach einem zweisamen Abendessen noch Freunde in einer Bar treffen. Möglicherweise ergibt sich ein Spieleabend oder ein Mittagessen bei der Familie – der Rest des Tages gehört natürlich nur Ihnen allein. In das soziale Umfeld des Anderen einzutauchen und den Partner auch mit dem eigenen Freundeskreis bekannt zu machen, hilft, die Beziehung besser in das Leben und auch den Alltag zu integrieren. Sie erscheint Ihnen dadurch realer und greifbarer. Wenn Sie sich dann gegenseitig von Ihrem Alltag erzählen, wissen Sie, über wen der Andere spricht. Sie haben ein Bild vor Augen und können sich vorstellen, wie der Abend, von dem Ihnen Ihr Partner erzählt, wohl verlaufen ist. Das bringt Sie trotz der Distanz einander näher.

! Fernbeziehungs-Tipp 13

Zeigen Sie sich Ihre Lieblingsplätze.

Auch etwas von der gemeinsamen Zeit dafür zu verwenden, Ihrem Partner zu zeigen, wo und wie Sie leben und Ihren Alltag gestalten, wird sich lohnen! Zeigen Sie ihm, wo Sie sich gerne aufhalten, damit er weiß, in welcher Kantine Sie zu Mittag essen und in welches Café Sie gerne gehen. Wenn Sie mal eine ganze Woche zusammen haben, leben Sie Ihren Alltag ruhig weiter. Nehmen Sie Ihren Partner mit zur Gitarrenstunde oder zum Salsa-Kurs. Das wird Ihnen helfen, sich näher zu fühlen und ein Teil des Lebens des Anderen zu werden. Sie können dann viel besser nachvollziehen, wovon Ihr Partner spricht, wenn er am Telefon aus seinem Alltag berichtet. Und auch umgekehrt werden Sie das Gefühl bekommen, Ihr Partner kann Ihren Erzählungen viel besser folgen.

Auf den Punkt gebracht

Es stellt eine Herausforderung in Fernbeziehungen dar, nach der räumlichen Trennung die Nähe wiederherzustellen. Sich über die eigenen Bedürfnisse klar zu werden und zu kommunizieren, wie es Ihnen geht und was Sie sich erwarten, wird helfen, sich Ihrem Partner schneller wieder anzunähern. Pflegen Sie Rituale in Ihrer Beziehung, um sich auch in kurzer Zeit wieder nahe zu kommen. Ein Ziel in der Fernbeziehung ist es, sich mit dem Leben des Partners zu identifizieren und einen Platz darin zu finden. Lassen Sie Ihren Partner deshalb an Ihrem Leben teilhaben und fordern Sie das auch andersherum ein. Ihren Partner in Ihren Freundeskreis und Ihre Familie zu integrieren sowie ihm Ihre liebsten Orte und Freizeitbeschäftigungen zu zeigen, wird Ihnen helfen, die Beziehung realer und greifbarer zu gestalten.

Herausforderung 3: Vertrauen und Eifersucht

In vielen Fern- sowie Nahbeziehungen spielt Eifersucht eine große Rolle. Besonders wenn Sie als Paar oft über längere Zeit getrennt voneinander leben, kann Ihre Eifersucht oder die Ihres Partners eine große Einschränkung der Beziehungsqualität darstellen.

In einem geringen Maß kann sich Eifersucht gut auf die Partnerschaft auswirken. Es kann so das Gefühl vermittelt werden, dass den Partnern die Beziehung wichtig ist. Eifersucht kann also ein Weg sein, Interesse am Partner und an der Beziehung zu bekunden.

Wird die Eifersucht jedoch zu stark, beherrscht sie die Beziehung. Fühlen Sie oder Ihr Partner sich kontrolliert und eingeengt, stellt sie eine große Gefahr für Ihre Partnerschaft dar.

Vertrauensvolle Beziehung schaffen

Dass ein Partner überhaupt eifersüchtiges Verhalten entwickelt, hängt oft mit einer der Eifersucht zugrunde liegenden Situation zusammen, beispielweise einem Seitensprung des aktuellen oder eines früheren Partners. Bei einigen Menschen führt dies zu der Entwicklung einer übermäßigen Eifersucht. Die Ursache für das Verhalten kann jedoch auch in anderen Erfahrungen begründet sein. Manchmal hat die Entwicklung eifersüchtigen Verhaltens weniger mit der Beziehungsgeschichte, als beispielsweise mit der eigenen Kindheit zu tun. Wurde erfahren, dass ein Geschwisterkind bevorzugt wurde oder wurde dem eifersüchtigen Menschen als Kind generell zu wenig Aufmerksamkeit zuteil, kann auch darin die Eifersucht begründet liegen.

> **!**
> **Fernbeziehungs-Tipp 14**
> Ergründen Sie die Ursachen der Eifersucht.

Finden Sie heraus, worin die Eifersucht in Ihrer Beziehung begründet liegt. Haben Sie oder ihr eifersüchtiger Partner einen Vertrauensbruch in dieser oder früheren Beziehungen erlebt oder liegen die Gründe für das eifersüchtige Verhalten tiefer? Die Ursachen zu ergründen und Wege aus der Eifersucht zu finden, gelingt am besten durch qualifizierte psychologische Unterstützung. So kann es gelingen, die eigene Lebensqualität wie auch die Beziehungsqualität wieder zu steigern und neue Denkstrukturen und Verhaltensweisen zu festigen, die Ihnen helfen, Ihre Beziehung wieder erfüllend zu gestalten.

> **!**
> **Fernbeziehungs-Tipp 15**
> Akzeptieren Sie, dass Sie keine Kontrolle haben.

Gerade Fernbeziehungen stellen für eifersüchtige Menschen eine zusätzliche Hürde dar. Der Partner lebt an einem anderen Ort, zu dem möglicherweise sogar der eigene Bezug fehlt, ein ganz eigenes Leben. Über dieses wird der eifersüchtige Partner niemals alles wissen, geschweige denn die Kontrolle haben. So ist es für einen eifersüchtigen Menschen umso schwieriger zu akzeptieren, dass der Partner seine Zeit ganz frei und nach eigenen Vorlieben gestaltet. Dass er Menschen trifft, die dem eifersüchtigen Partner vielleicht nicht bekannt sind, und dass er nie ganz genau wissen wird, wo und mit wem sich der Partner gerade aufhält.

Fernbeziehungs-Tipp 16

Durchbrechen Sie den Teufelskreis der Eifersucht.

Um eine vertrauensvolle Beziehung zu leben, muss der Teufelskreis der Eifersucht unterbrochen werden.

Beispiel

Der eine Partner merkt mit der Zeit, welche seiner Verhaltensweisen den anderen Partner eifersüchtig reagieren lassen. Um diese Reaktion zu vermeiden, beginnt er, diese bestimmten Handlungen heimlich auszuführen oder erfindet Ausreden. Sobald der eifersüchtige Partner das herausfindet, wird er in seinen eifersüchtigen Vermutungen bestärkt und seine eifersüchtigen Handlungen, die Verbote und der Streit, der dadurch in der Beziehung entsteht, verstärken sich.

In einer Fernbeziehung findet der eifersüchtige Partner oft neue Wege, seine Eifersucht auszuleben – durch Kontrollanrufe und -nachrichten, den Wunsch, immer genauestens über den aktuellen Standort des Partners informiert zu sein, und die Bitte, übermäßig oft Fotos aus dem Alltag zu schicken. Das kann Stress und Druck auslösen, der schlussendlich zu gravierenden Partnerschaftskonflikten führt.

! **Fernbeziehungs-Tipp 17**

Finden Sie heraus, was hinter Ihrer Eifersucht steckt.

Denn der Weg aus der eigenen Eifersucht führt über die Ergründung ihrer Ursachen.

Stellen Sie sich dafür folgende Fragen:

- Wann war die Eifersucht schon mal weniger?
- Seit wann entwickelt sich das eifersüchtige Verhalten?
- Was hat sich verändert, direkt bevor die Eifersucht sich entwickelt hat oder stärker geworden ist?
- Was benötigen Sie eigentlich?
- Warum ist Ihre Eifersucht da? Welche Funktion hat Ihre Eifersucht?

Vielleicht kommen Sie zu dem Schluss, dass sich Ihr Partner weniger meldet als früher, als die Eifersucht noch nicht so stark war. Vielleicht fällt Ihnen auf, dass sich Ihr Bedürfnis nach Nähe gesteigert hat, die Menge an Kontakt aber gleich geblieben ist.

Nehmen Sie sich Zeit und denken Sie ganz genau darüber nach. Spüren Sie in sich und fragen Sie sich: *Was brauche ich wirklich?* Das können beispielweise Nähe, Kontakt, Zuneigung, Aufmerksamkeit oder viele andere Dinge sein. Vielleicht haben Sie auch mehrere Wünsche.

Erneut rate ich Ihnen dazu, die Hintergründe Ihrer Eifersucht mit professioneller psychologischer Unterstützung zu ergründen und so eine Lösung zu finden, die Ihnen helfen wird, Ihre Beziehung mit dem richtigen Maß an Eifersucht zu leben.

Falls in Ihrer Beziehung der andere Fall vorliegt – Sie also eine Partnerschaft mit einem eifersüchtigen Partner führen – kann Ihnen das viel abverlangen. Ständige Kontrollen, schlechte Stimmung und ewiges Misstrauen führen auf Dauer dazu, dass Sie selbst wahrscheinlich die gesamte Beziehung in Frage stellen – vor allem, wenn Sie keinen Anlass zu eifersüchtigem Verhalten bieten.

!

So erkennen Sie, dass Ihr Partner übermäßig eifersüchtig ist

- Ihr Partner äußert offen seine Eifersucht in bestimmten Situationen, z. B. wenn Sie ein Gespräch mit jemand anderem führen, eine Textnachricht empfangen oder schreiben, Ihr Anschluss besetzt ist, wenn er versucht Sie zu erreichen oder Sie seine Nachrichten nicht sofort beantworten.
- Er zeigt kein Verständnis, wenn Sie ihm Ihr Verhalten erklären – im Gegenteil: Er blockt noch mehr ab.
- Er zeigt eine unangemessen ausgeprägte Eifersuchtsreaktion. Selbst bei kleinsten Situationen regt er sich unverhältnismäßig stark auf.
- Sie warten schon die ganze Zeit auf den nächsten Anflug seiner Eifersucht – Sie sind praktisch nie vor seinen Anfällen sicher. Es kann immer und jederzeit passieren.

Fernbeziehungs-Tipp 18

Arbeiten Sie gemeinsam an der Eifersucht Ihres Partners.

Wenn Sie den Wunsch haben, die Beziehung langfristig aufrecht zu erhalten, sollten Sie als Paar gemeinsam an der Eifersucht Ihres Partners arbeiten. Er benötigt dabei Ihre Unterstützung und Geduld. Ich rate dringend zu einer Paartherapie – online oder offline -, in der die Eifersucht thematisiert und das gegenseitige Vertrauen gestärkt werden kann, um die Qualität Ihrer Partnerschaft wieder zu erhöhen.

In meinen Paartherapien arbeite ich mit folgenden Tipps und Tricks mit meinen Klienten:

Fernbeziehungs-Tipp 19

Geben Sie keinen zusätzlichen Anlass zur Eifersucht.

Versuchen Sie, Verständnis für die Angst hinter der Eifersucht Ihres Partners aufzubringen und bemühen Sie sich, ihm diese Angst zu nehmen, indem Sie ihn durch kleine Gesten Ihre Liebe spüren lassen. Wenn Sie ihm zeigen, dass er keinen Grund hat, zu befürchten, Sie zu verlieren, kann das seine Angst und damit auch seine eifersüchtigen Reaktionen reduzieren. Diese Gesten können beispielsweise regelmäßige Nachrichten sein, ein kurzes Video oder eine Sprachnachricht, die Sie von sich aufnehmen und ihm schicken. Sie können ihm auch einen Brief schreiben. Außerdem kann es hilfreich sein, ihm regelmäßig Komplimente zu machen. Wichtig dabei ist: Beachten Sie Ihre eigenen Grenzen und übertrete Sie sie nicht! Wenn Sie das Gefühl haben, die Menge an Liebesbekundungen, die Ihr Partner scheinbar benötigt, nicht leisten zu können, hören Sie auf sich und Ihre Grenzen. Sie müssen dann einen anderen Weg finden, die Eifersucht in den Griff zu kriegen – oft ist Paartherapie die letzte Möglichkeit, die Beziehung aufrecht zu erhalten.

> **Fernbeziehungs-Tipp 20**
> Schränken Sie sich nicht ein.

Auf Dauer wird Ihre Beziehung nicht funktionieren, wenn Sie Dinge, die Ihnen eigentlich wichtig sind, unterlassen, um Ihren Partner nicht zu verletzen und seine Eifersucht nicht zu schüren. Achten Sie darauf, auch sich selbst in der Beziehung treu zu bleiben und nicht auf bestimmte Unternehmungen, wie beispielweise ein Treffen mit Freunden, zu verzichten um Ihren Partner nicht zu verärgern.

> **Fernbeziehungs-Tipp 21**
> Halten Sie Offenheit und Kommunikation in Ihrer Beziehung hoch.

Versuchen Sie, nichts zu verheimlichen. Sehen Sie die Angst hinter der Eifersucht Ihres Partners und schüren Sie sie nicht, indem Sie absichtlich Geheimnisse vor ihm haben. Kommunizieren Sie Ihre Bedürfnisse und Wünsche, aber auch Ihre Ängste und Sorgen offen. Sagen Sie Ihrem Partner, dass sein

Verhalten und seine überzogenen Reaktionen Sie bedrücken. Vermeiden Sie den oben beschriebenen Teufelskreis durch Offenheit und Ehrlichkeit.

> **!** **Fernbeziehungs-Tipp 22**
> Reden Sie Klartext.

Die letzte Option, wenn alles nichts hilft: Sagen Sie ihm, wie sehr Sie sein Verhalten einschränkt. Wie groß die Belastung ist und dass es schlussendlich dazu führt, dass Sie an der Beziehung zweifeln. Ihr Partner muss verstehen, dass die Ursache für seine Eifersucht in ihm selbst liegt – nicht in Ihnen oder Ihrem Verhalten. Machen Sie Ihrem Partner klar, dass Sie unter seiner Eifersucht leiden und die Beziehung so nicht fortführen können. Bitten Sie ihn, an seiner Eifersucht zu arbeiten, die auslösenden Ereignisse aufzuarbeiten und so die Fähigkeit zu entwickeln, eine erfüllende Paarbeziehung ohne krankhafte Eifersucht leben zu können.

Vertrauensbrüche überwinden

Es gibt jedoch auch Situationen in Paarbeziehungen, die das Vertrauen der Partner zueinander tief verletzen – typischerweise ein Seitensprung oder sogar eine längere Auswärtsbeziehung. Dies schürt beim betrogenen Partner die Angst, ersetzbar zu sein oder verlassen zu werden. Es kann dauern, das Vertrauen wiederherzustellen und es erfordert viel Kraft und Einsatz beider Partner – doch es ist möglich!

Besonders in Fernbeziehungen ist aufgrund der oft großen räumlichen Distanz und der wenigen gemeinsamen Zeit die Angst besonders groß, vom Partner betrogen zu werden. Statistiken haben jedoch gezeigt, dass Seitensprünge in Fernbeziehungen ähnlich oft, tendenziell sogar seltener, vorkommen als in Nahbeziehungen.

Beispiel aus der Praxis

Vor einigen Monaten suchten Sebastian und Verena meine Fernbeziehungsberatung auf. Die beiden steckten nach einem Seitensprung Verenas in einer tiefen Krise. Sie waren bereits seit sechs Jahren ein Paar und hatten sich seit dem Beginn der Beziehung ein gemeinsames Leben in München aufgebaut. Vor zwei Jahren bekam Verena die Chance, für die Promotion an eine Universität in Schweden zu wechseln und griff zu. So lebte das Paar seit zwei Jahren eine Fernbeziehung mit regelmäßigen Besuchen circa zweimal pro Monat. Sebastian erzählte mir in der Beratung, dass Verena eines Tages in Tränen aufgelöst, mitsamt ihrer Koffer, vor seiner Wohnung stand. Sie gestand ihm, seit mehreren Wochen eine Beziehung mit ihrem Kollegen zu führen, die sie nun abgebrochen habe. Zudem hatte sie ihre Promotionsstelle gekündigt und die Wohnung in Schweden aufgelöst. Sie hatte sich entschieden, zurück nach München zu kommen um an der Beziehung mit Sebastian zu arbeiten. Dieser hatte von der Außenbeziehung nichts geahnt und fühlte sich von Verenas Entscheidungen überfordert. Er beschrieb, wütend und verletzt zu sein, aber aufgrund Verenas plötzlichen Auftauchens und ihres vorübergehenden Einzugs in seine Wohnung, keinen Handlungsspielraum zu sehen und keine Möglichkeit zu haben, die Beziehungssituation für sich zu klären.

Die Offenbarung eines Seitensprungs oder einer Affäre – besonders, wenn Sie nichts davon geahnt haben – kann sich ähnlich wie ein Schock auswirken. Möglicherweise werden starke Verlustängste in Ihnen und Ihrem Partner geweckt. Gleichzeitig spüren Sie das Misstrauen Ihrem Partner gegenüber. Dieser ist oftmals geplagt von Schuldgefühlen.

> **!** **Fernbeziehungs-Tipp 23**
> Nehmen Sie sich Zeit, um die Situation zu klären.

Jetzt also erstmal keine überstürzten Handlungen! Verena, die ihre Stelle gekündigt, die Promotion abgebrochen und Schweden verlassen hat, bereute diese überstürzten Handlungen schon bald. Im ersten Moment hatte sie nur daran gedacht, ihre Beziehung zu Sebastian zu retten und ihre eigenen Wünsche, Ziele und Bedürfnisse vollständig hinten angestellt. Gleichzeitig hatte sie mit Sebastian mit ihrer spontanen Entscheidung völlig überrumpelt, der die Neuigkeiten über die Affäre seiner Partnerin erstmal verdauen musste. Stattdessen zog sie direkt in seine Wohnung ein, um an dem Erhalt der Beziehung zu arbeiten. Die folgenden Wochen, bis zum Beginn der Paartherapie, verbrachte das Paar mit Streit, Schweigen und Wutanfällen – all das war nicht sehr konstruktiv. Spüren Sie in einer solchen Situation also gut in sich hinein und stellen Sie sich folgende Fragen:

- Was brauche ich jetzt von meinem Partner?
- Wie viel Nähe oder Abstand ist jetzt nötig?
- Was verändert sich durch diese Situation für mich und wie will ich damit umgehen?

> **!**
> **Fernbeziehungs-Tipp 24**
> Erkennen Sie Ihre Grenzen und ziehen Sie sie!

Möglicherweise haben Sie und Ihr Partner in einer solchen Situation verschiedene Herangehensweisen: Während der Eine voller Tatendrang die Beziehung kitten möchte, benötigt der Andere Abstand. Wahren Sie Ihre persönliche Grenze. Kommunizieren Sie Ihrem Partner, was Sie benötigen. Denn bevor es an die Beziehungsarbeit geht, sollten Sie beide eine wichtige Entscheidung treffen:

> **!**
> **Fernbeziehungs-Tipp 25**
> Bleiben oder Gehen? Entscheiden Sie sich.

Nehmen Sie sich für diese Entscheidung Zeit und stehen Sie dann dazu. Oftmals herrscht der Irrglaube vor, nur der Betrogene würde die Entscheidung, ob die Beziehung weiter aufrechterhalten wird, treffen. Fakt ist: Sie beide müssen eine Entscheidung treffen – unabhängig voneinander. Sie als Opfer des Seitensprungs müssen entscheiden, ob Sie gewillt sind, Ihrem Partner vollständig zu verzeihen und ob es Ihnen gelingen kann, wieder Vertrauen aufzubauen auch wenn Sie Ihren Partner nicht immer bei sich haben können. Geht der Seitensprung auf Ihre Kappe sollten Sie nicht, von Schuldgefühlen übermannt, die Beziehung zu Ihrem Partner auf Biegen und Brechen aufrechterhalten. Fragen Sie sich, ob sie die Beziehung weiterhin führen wollen. Sind Sie bereit, das Leid und das anfängliche Misstrauen Ihres Partners auszuhalten? Können Sie ihn auffangen und sind sie gewillt, an der Beziehung und der gemeinsamen Vertrauensbasis zu arbeiten? Wenn Sie beide sich entscheiden zu bleiben und die Beziehung weiterzuführen, gibt es eine neue Chance für Ihre bestehende Partnerschaft. Die Voraussetzung dafür ist allerdings, dass Sie sich offen und ehrlich mit der Situation auseinandersetzen.

Ein Seitensprung des Partners wirkt sich jedoch nicht nur auf die Vertrauensbasis Ihrer Beziehung aus. Weit weniger Beachtung wird meist einem ebenso wichtigen Thema geschenkt: Ihrem Selbstwert. Der Seitensprung Ihres Partners nimmt Ihnen möglicherweise jegliche Sicherheit und das Gefühl, die Kontrolle über den Verlauf Ihres Lebens zu haben. Vielleicht verharren Sie in der Opferrolle – Sie fühlen sich betrogen, machtlos und schwach. Und das müssen Sie hinter sich lassen. So schnell wie möglich. Für viele Paare macht es einen Unterschied, ob es sich um einen einzelnen Seitensprung oder eine längere heimliche Außenbeziehung handelt. In beiden Fällen ist jedoch entscheidend:

! Fernbeziehungs-Tipp 26

Befreien Sie sich aus der hilflosen Position!

Verharren Sie zu lange in dieser machtlosen Position des betrogenen Partners, pflegen Sie den Zustand möglicherweise noch indem Sie sich von Freunden und der Familie bemitleiden lassen, manifestiert sich dieser emotionale Zustand und es gelingt Ihnen nicht mehr, den Teufelskreis zu verlassen. Denn: Entsprechend der selbsterfüllenden Prophezeiung zieht eine Person, die überall Betrug und Lügen erwartet, mit der Zeit genau dieses an.

Fernbeziehungs-Tipp 27

Festigen Sie den Wunsch, wieder Vertrauen fassen zu können!

Und hören Sie auf, sich Ihrem Leid hinzugeben und den gerade beschriebenen Teufelskreis aufrecht zu erhalten. Wieder zu vertrauen erfordert gerade in Fernbeziehungen sehr viel Bemühung und Disziplin. Es wird Ihnen selbstverständlich nicht vom einen auf den anderen Tag gelingen. Das Vertrauen zurück zu gewinnen ist ein Prozess. Vielleicht hilft es Ihnen aber, sich bewusst zu machen, dass ein Seitensprung nicht bedeutet, dass die Beziehung grundsätzlich schlecht ist. Es scheint sich allerdings innerhalb Ihrer Beziehung etwas verändert zu haben – ein Wunsch oder ein Bedürfnis. Ihre Beziehung benötigt jetzt, genau diese Veränderung herauszuarbeiten und die Partnerschaft daran anzupassen. Nicht immer ist es leicht, diese Veränderung aus der Beziehung heraus aufzuzeigen. Ich empfehle deshalb ausdrücklich, fachmännische Unterstützung in Anspruch zu nehmen und beispielsweise eine Paartherapie zu beginnen. Hier können Wünsche und Bedürfnisse, Gefühle und Empfindungen systematisch herausgearbeitet und verhandelt werden und auf neutralem Boden gute Lösungen für die Beziehung gefunden werden.

Fernbeziehungs-Tipp 28

Führen Sie eine Beziehung auf Augenhöhe.

Denn das mindert das Risiko eines Seitensprungs und führt dazu, dass Probleme, Wünsche und Bedürfnisse offen in der

Beziehung angesprochen werden, bevor es zu einem Vertrauensbruch kommt. Für eine gleichberechtigte Beziehung ist es allerdings wichtig, dass Sie selbst sich nicht stärker oder schwächer positionieren als ihr Partner.

Als Sebastian und Verena in meine Fernbeziehungsberatung kamen, hatten sie eine Entscheidung schon getroffen: Sie wollten bleiben. Trotzdem war nach dem Seitensprung einiges in ihrer Beziehung schief gelaufen. Verenas abrupter Abbruch in Schweden und ihr Einzug bei Sebastian blieben nicht ohne Folgen: Die beiden stritten unentwegt, machten sich gegenseitig Vorwürfe und kamen nicht in den Lösungsprozess. In meiner Beratung arbeitete ich gemeinsam mit beiden an der Partnerschaft, unterschied jedoch die Herangehensweise bei Verena, der Untreuen, von der bei Sebastian, dem Betrogenen.

> **!** **Fernbeziehungs-Tipp 29**
>
> Die Wahrheit muss auf den Tisch!

Verena erzählte Sebastian alles, was er wissen musste und wollte. Und das gilt auch für Ihre Beziehung: Schonen Sie Ihren Partner nicht. Der Vertrauensbruch ist bereits begangen – ziehen Sie die Situation nicht in die Länge indem Sie die Details in kleinen Stückchen ans Licht bringen. Möglicherweise muss ihr Partner Ihren Seitensprung nicht bis ins kleinste Detail der Intimität erfahren. Aber hören Sie auf, ihn zu belügen! Hierbei ist es entscheidend, miteinander im Austausch zu sein.

> **!** **Fernbeziehungs-Tipp 30**
>
> Entscheiden Sie, wie viel Sie wissen wollen.

Sebastian musste damit umgehen zu erfahren, dass Verena mehrere Wochen lang eine Außenbeziehung geführt hat. In den Gesprächen war es an ihm, die Grenze zu setzen – und so ist es auch bei Ihnen: Was müssen Sie von Ihrem Partner wissen? Welche Information ist wichtig für Sie? Erfragen Sie alles, was nötig ist, um Ihnen den Rückgewinn des vertrauensvollen Verhältnisses zu ermöglichen. Aber vermeiden Sie unnötiges Leid durch überflüssige Details und setzen Sie früh genug die Grenze.

Fernbeziehungs-Tipp 31

Bieten Sie die Möglichkeit zu räumlicher Distanz.

Sebastian fühlte sich durch Verenas Einzug in die Enge getrieben. Er sehnte sich nach Abstand, um seine Gedanken und Gefühle zu ordnen und fühlte sich in seinem Handlungsspielraum beraubt. Nach einem Vertrauensbruch wie diesem ist es entscheidend, dass der untreue Partner die Möglichkeit zu räumlicher Distanz bietet. In Fernbeziehungen, in denen die Partner keine gemeinsame Wohnung unterhalten, ist dieser Abstand naturgemäß gegeben. Trotzdem ist es möglich, dass die Partner sich zur Aufarbeitung der Situation am gleichen Ort befinden müssen. In diesem Fall ist eine Unterbringung im Hotel oder bei gemeinsamen Freunden eine gute Möglichkeit, das richtige Mittelmaß zwischen Nähe und Distanz zu finden.

Fernbeziehungs-Tipp 32

Setzen Sie sich mit der Situation auseinander.

Gemeinsam und getrennt. Es ist entscheidend für die vertrauensvolle gemeinsame Zukunft, dass der untreue Partner sich folgende Fragen stellt:

- Was hat mir in der Beziehung gefehlt?
- Was war gut an der bisherigen Beziehung?
- Gab es ein Ungleichgewicht im Geben und Nehmen, Nähe und Distanz, Dominanz und Unterordnung?

Auch der betrogene Partner sollte sich Gedanken darüber machen, ob er möglicherweise einen Anteil am Problem trägt. Vielleicht wurden dem Partner Nähe und Sexualität verweigert, womit er sich nicht zufriedengeben konnte?

> **!**
> **Fernbeziehungs-Tipp 33**
> Nehmen Sie den Druck aus der Beziehung.

Manchmal besteht die Außenbeziehung noch, wenn das Thema in der Partnerschaft zur Sprache kommt. Oft erwartet der Betrogene von seinem Partner, die Affäre sofort zu beenden. Dieser tiefe Wunsch ist mehr als verständlich. Trotzdem kann eine Forderung in diese Richtung zu einem langfristigen Ungleichgewicht der Macht in der Beziehung führen. Erarbeiten Sie – bestenfalls gemeinsam in einer Paartherapie – warum der untreue Partner die Außenbeziehung noch nicht beenden kann oder will. Natürlich muss keiner der Partner unendlich geduldig sein. Erkennen Sie auch hier Ihre Grenzen und setzen Sie sie.

Fernbeziehungs-Tipp 34

Nehmen Sie Ihren Partner in die Verantwortung.

Nach Verenas Geständnis fiel es Sebastian schwer zu akzeptieren, dass auch sie ihren Teil zur Affäre beigetragen habe. Er war versucht, ihrem Kollegen die Schuld an dem Seitensprung zu geben um die Harmonie in der Beziehung aufrecht zu erhalten und Verenas Entschuldigung annehmen zu können. Sehen Sie hier: Auch Ihr Partner hat seinen Teil dazu beigetragen und ist voll verantwortlich für sein Handeln!

Fernbeziehungs-Tipp 35

Verzeihen Sie Ihrem Partner.

An diesem Schritt führt kein Weg vorbei, wenn Sie eine gemeinsame Zukunft anstreben, denn ohne Verzeihen gibt es keinen Neuanfang. Aber: Verzeihen Sie nicht vorschnell! Es ist sinnvoll, den Betrug auch tiefergehend zu verarbeiten. Das benötigt Zeit und die sollten Sie sich nehmen bzw. Ihrem Partner geben.

Auf den Punkt gebracht

Eifersucht im Übermaß stellt eine große Gefahr für Ihre Fernbeziehung dar. Erarbeiten Sie – möglicherweise in einer Paartherapie – die zugrundeliegenden Mechanismen Ihrer Eifersucht, beispielsweise negative

Vorerfahrungen aus früheren Beziehungen oder der eigenen Kindheit. Schaffen Sie eine vertrauensvolle Beziehung indem Sie den Teufelskreis der Eifersucht durchbrechen und arbeiten Sie gemeinsam an der Eifersucht des Partners. Unterstützen Sie Ihren eifersüchtigen Partner, indem Sie keinen zusätzlichen Anlass zur Eifersucht geben aber schränken Sie sich dabei selbst nicht ein. Offenheit und Ehrlichkeit in der Beziehung und der Kommunikation sind die Grundsätze einer vertrauensvollen Beziehung. Sollte es doch zu einem Vertrauensbruch, beispielsweise einem Seitensprung gekommen sein, nehmen Sie sich Zeit um die Situation zu klären. Achten Sie dabei immer auf Ihre eigenen Grenzen. Es ist wichtig, eine Entscheidung zu treffen – Bleiben oder Gehen? – und zu dieser zu stehen. Führen Sie eine gleichberechtigte Beziehung auf Augenhöhe, um den betrogenen Partner aus seiner machtlosen Position zu befreien. Sie können Ihre Beziehung retten, wenn Sie sich entscheiden, offen und ehrlich über den Seitensprung und die dahinterliegenden Wünsche und Bedürfnisse zu sprechen. Erkennen Sie beide Ihren Anteil am Geschehenen an und geben Sie Ihr Bestes, Ihrem Partner zu verzeihen. Klären Sie im Gespräch, was Sie jetzt brauchen, um die Beziehung zu erhalten und sich eine gemeinsame Zukunft vorzustellen.

Herausforderung 4: Nähe und Distanz

Ein Thema, das mir besonders häufig in der Fernbeziehungsberatung begegnet, ist die Gratwanderung zwischen Nähe und Distanz in der Fernbeziehung. Fragen, die sich hier häufig stellen, drehen sich darum, wie es Ihnen gelingen kann, eine Routine in der Fernbeziehung zu entwickeln, obwohl Sie Ihren Partner so selten sehen. Welche Art von Kontakt ist die richtige und wie häufig sollten Sie mit Ihrem Partner in Kontakt stehen? Wie können Sie besser mit der Sehnsucht nach Ihrem Partner umgehen und Gefühle von Einsamkeit und Vermissen reduzieren? Und was können Sie tun, wenn Sie sich von Ihrem Partner abgelehnt fühlen?

Struktur und Routine

Jedes Paar hat ein anders ausgeprägtes Bedürfnis nach Struktur und Routine in der Beziehung.

> **!**
> **Fernbeziehungs-Tipp 36**
> Stellen Sie Ihre persönlichen Bedürfnisse fest.

Finden Sie im ersten Schritt einmal in einem Gespräch mit Ihrem Partner heraus, wie hoch sein Wunsch nach Struktur und Routine ist und wie stark Ihr eigener diesbezüglich ausgeprägt ist. Stellen Sie sich dafür folgende Fragen:

- Möchte ich eher, dass die gemeinsame Zeit jedes Mal ähnlich abläuft oder brauche ich viel Abwechslung in der Freizeitgestaltung?
- Geben mir Rituale ein Gefühl von Sicherheit oder schränken Sie mich in meiner Freiheit ein?

Im besten Fall ähneln Ihre Bedürfnisse denen Ihres Partners. Sollten Sie große Unterschiede feststellen, ist es an der Zeit, einen Kompromiss zu finden, der die Freiheit des einen Partners nicht einschränkt, dem anderen Partner aber Sicherheit gibt.

Bevorzugen Sie beide eine spontane und abwechslungsreiche Beziehungsgestaltung, rate ich Ihnen, von festen Ritualen und Strukturen in Ihrer Beziehung abzusehen. Lassen Sie die gemeinsame Zeit auf sich zukommen und genießen Sie, was sich ergibt.

Sollten Sie einen ausgeprägten Wunsch nach Struktur und Routine in Ihrer Beziehung feststellen, ist es jetzt an der Zeit, diese bewusst zu etablieren.

> **!**
> **Fernbeziehungs-Tipp 37**
> Bringen Sie Struktur in Ihre gemeinsame Zeit.

Überlegen Sie gemeinsam als Paar, welche Art der Strukturierung Ihre Beziehung benötigt. Möglicherweise ist es für Sie die richtige Wahl, Begrüßungs- und Abschiedsrituale in Ihre Beziehung zu etablieren, um den Beginn und das Ende Ihrer Treffen klar zu kennzeichnen. Welche Rituale das beispielsweise sein könnten, lesen Sie in Fernbeziehungs-Tipp 8 nochmal nach. Möglicherweise haben Sie zudem feste

Termine, die Sie während Ihrer Treffen wahrnehmen. Beispielsweise nehmen Sie zusammen Tanzstunden am Wochenende oder treffen jeden Sonntag die Schwiegereltern zum Essen. Der Grad der Strukturierung Ihrer gemeinsamen Zeit ist auch im Voraus, über die Planung der gemeinsamen Zeit, veränderbar: Je mehr konkrete Aktivitäten und Details der gemeinsamen Zeit Sie bereits vor dem Besuch festlegen, umso stärker strukturiert wird Ihr Treffen ablaufen.

Kontakt über die Distanz – wie viel und welche Art?

Doch nicht nur die gemeinsam verbrachte Zeit kann sich bezüglich Routine und Struktur unterscheiden. Auch die Menge und Art des Kontakts zwischen den Treffen können Sie bei Bedarf strukturieren.

> **!**
> **Fernbeziehungs-Tipp 38**
> Entwickeln Sie bei Bedarf eine Routine über die Distanz.

Einige Paare haben feste Telefonzeiten, die genau eingehalten werden. Beispielsweise ist ein Abend pro Woche für ein gemeinsames Telefonat reserviert. An diesem Tag nimmt sich keiner der Partner etwas Anderes vor. Der Kontakt zum Partner an diesem einen Abend ist fester Bestandteil der Wochenplanung der Partner. Es kann helfen, zu wissen, dass es ein fest abgemachtes Intervall für den Kontakt gibt. Auf diese Zeit können sich die Partner freuen und es ist gewiss, dass der Kontakt in der betreffenden Woche nicht zu kurz kommt, auch wenn beide Partner stark eingespannt sind. Die Gefahr besteht jedoch darin, dass die Stimmung in der Beziehung dann stark davon abhängt, dass die Partner im fest verabredeten Zeitraum Lust haben, zu telefonieren und guter Laune sind. Dass Sie sich nicht ärgern, ein anderes Treffen wegen des Telefonats zu verpassen oder kurz vor dem Telefonat in Eile waren, um den Termin einhalten zu können, und keine entspannte Atmosphäre für ein Gespräch herstellen konnten.

Beispiel aus der Praxis

In meiner Fernbeziehungsberatung beriet ich einige Zeit lang Marina und Jan – ein Paar, das kurz vor der Trennung stand – bezüglich Ihres partnerschaftlichen Kontakts. Das Paar konnte sich nur alle zwei Monate treffen. Marina bestand in der Zwischenzeit darauf, täglich zwei Stunden lang mit Jan im Videochat zu sprechen. Zusätzlich gab es eine Zeitverschiebung zwischen den Standorten der Partner. Das zweistündige Intervall wählte das Paar also so, dass Jan täglich von 19 bis 21 Uhr seiner Zeit mit Marina sprach, an deren Standort es dann zu Beginn des Gesprächs bereits 21 Uhr war. Über die Zeit führte dieses Modell zu folgendem Problem: Jan konnte sich an keiner Freizeitaktivität seines Freundeskreises mehr beteiligen, da die Videokonferenz sich genau in den Kernstunden jeglicher Abendaktivitäten abspielte. Marina hingegen konnte ihre Freunde treffen, musste die Aktivitäten jedoch früher verlassen. Einen anderen möglichen Zeitraum gab es aufgrund der Arbeitszeiten meiner Klienten nicht. Der Wunsch, jeden Tag in Kontakt zu bleiben, blieb jedoch seitens Marinas bestehen. Als Jan forderte, nur jeden zweiten Tag ein persönliches Gespräch zu führen, fasste Marina es als persönliche Ablehnung auf. Erst nach mehreren Stunden der

Beratung konnte eine Lösung gefunden werden: Die Partner entschieden sich, an drei Abenden pro Woche für zwei Stunden im Videochat miteinander zu sprechen und zudem zwei längere Videochat-Zeiträume an Wochenenden, an denen sie sich nicht sehen konnten, einzurichten.

Kompromisse in Fernbeziehungen zu schließen ist wichtig für ihr Gelingen. Schwierig wird es, wenn Sie und Ihr Partner völlig unterschiedliche Bedürfnisse haben, was den Kontakt in der Partnerschaft betrifft. Hierbei ist es wichtig, einen Kompromiss zu schließen, der beiden Bedürfnissen gerecht wird. Einige Paare, die meine Beratung aufsuchen, haben ein ähnliches Kontakt-Pensum wie Marina und Jan – ich kenne jedoch auch Paare, bei denen die Menge an Kontakt weit unter diesem Beispiel liegt. Es ist wichtig zu erkennen, dass gerade die Menge und Art des Kontakts ganz und gar auf die Bedürfnisse der Partner abgestimmt sein sollten.

In Zeiten der Trennung reduziert sich der Kontakt zu Ihrem Partner zwangsläufig. Und doch gibt es starke Unterschiede darin, wie oft und auf welche Art Paare den Kontakt miteinander suchen.

Fernbeziehungs-Tipp 39

Es gibt keinen richtigen oder falschen Kontakt.

Jedes Paar findet über die Dauer der Fernbeziehung seine individuelle Lösung dafür, wie viel Kontakt und welcher gehalten wird. Für die Menge an Kontakt gibt es verschiedene, oben bereits beschriebene, Ansätze – von fest verabredeten Telefonabenden über spontane Anrufe oder Kontakt über Nachrichten. Durch Laptop, Tablet und Smartphone entwickelt sich in den meisten Fernbeziehungen eine Tendenz zum Videochat. Kontakt über das Internet zu halten – unabhängig von der Modalität – ist mittlerweile fast kostenlos. So können auch große Distanzen überbrückt werden. Auch für Themen wie Zeitverschiebung zwischen den Standorten finden sich Lösungen.

Beispiel aus der Praxis

Franziska und Tobias, die eine Fernbeziehung von Deutschland nach Kalifornien führen, fanden in der Fernbeziehungsberatung die Lösung, sich trotz der neun Stunden Zeitverschiebung mit langen Sprachnachrichten auf dem Laufenden zu halten. Bevor Franziska in Kalifornien abends schlafen ging, schickte sie Tobias eine Sprachnachricht, in der sie ihm von ihrem Tag erzählte und ihm einen guten Morgen wünschte – und auch anders herum. So gelingt es ihnen, wochentags in Kontakt zu bleiben und einander am eigenen Leben teilhaben zu lassen, auch wenn sie nur am Wochenende die Möglichkeit haben, ausgiebig zu telefonieren.

Eine Fernbeziehung benötigt in jedem Fall große Bemühungen beider Partner, also

Fernbeziehungs-Tipp 40

Seien Sie flexibel und haben Sie Verständnis füreinander.

Auch Sie werden Wochen durchleben, in denen Sie von einem Termin zum nächsten hetzen und wenig Zeit finden, die Nachrichten Ihres Partners zu beantworten oder persönlich mit ihm zu sprechen. Während Sie in anderen Wochen die

Minuten bis zum Wiedersehen zählen und die Zeit scheinbar gar nicht vergeht. In diesen Zeiten verspüren Sie mit hoher Wahrscheinlichkeit eine stärkere Sehnsucht nach Ihrem Partner und haben Zeit, über sich und Ihre Beziehung nachzudenken. Wahrscheinlich wünschen Sie sich dann verstärkt Kontakt zu Ihrem Partner.

Fernbeziehungs-Tipp 41

Besprechen Sie Ihre Wochenpläne miteinander.

So können Sie Ihren Partner vorwarnen, wenn Ihnen eine volle Woche bevorsteht und er womöglich wenig von Ihnen hören wird. Haben Sie auch Verständnis, wenn Ihr Partner in einer Woche weniger Zeit für Kontakt haben wird. Sie haben sich durch die Fernbeziehung ein Leben an zwei verschiedenen Orten aufgebaut. Und genau dieses Leben beansprucht Ihre Zeit eben mal mehr und mal weniger. Seien Sie flexibel und sehen Sie es Ihrem Partner nach, wenn er einen Telefontermin mal nicht wahrnehmen kann. Andersherum können Sie so auch auf Verständnis hoffen, wenn Ihr eigenes Leben Sie einmal fordert.

Jede Woche ist anders! Besprechen Sie Ihre Wochenpläne also in jeder Woche aufs Neue miteinander und verabreden Sie, wie viel Kontakt Sie haben wollen oder leisten können. Teilen Sie Ihrem Partner Ihre Gefühle mit und sagen Sie ihm beispielsweise, wie Sie sich fühlen, wenn sie einen ganzen Tag nichts von ihm hören.

Fernbeziehungs-Tipp 42

Sprechen Sie über den Kontakt.

Denn die Qualität Ihrer Fernbeziehung steht und fällt mit der Qualität Ihrer Kommunikation. Äußern Sie Ihre Bedürfnisse und Gefühle und informieren Sie Ihren Partner darüber, wenn Sie sich weniger oder gar nicht melden können. So vermeiden Sie Missverständnisse und beugen Enttäuschungen vor.

Fernbeziehungs-Tipp 43

Nehmen Sie sich Zeit.

Wenn Sie sich entscheiden, ein Telefonat zu verabreden, achten Sie darauf, sich Zeit dafür zu nehmen. Telefonieren Sie nicht in der U-Bahn oder auf dem Weg zum Bahnhof mit ihrem Partner – eine schlechte Verbindung, starke Hintergrundgeräusche, Unterbrechungen und unkonzentrierte Antworten wirken sich auf die Stimmung in Ihrer Beziehung aus. Rufen Sie Ihren Partner an, wenn Sie entspannt sind und Zeit haben, ihm Ihre Aufmerksamkeit zu widmen. Achten Sie darauf, den Zeitraum, für den Sie sich zum Telefonieren verabreden, einhalten zu können.

Fernbeziehungs-Tipp 44

Achten Sie auf aktuelle Befindlichkeiten.

Gerade wenn ein Gespräch schon länger verabredet ist, kann es sein, dass ein Partner zum verabredeten Zeitpunkt erschöpft ist, schlechte Laune oder gerade das Bedürfnis nach Nähe hat. Umso wichtiger ist es, zu Beginn eines Gesprächs die Erwartungen und die aktuelle Stimmung abzufragen. Fragen Sie Ihren Partner am Anfang eines Telefonats, wie es ihm geht – und das nicht nur als Floskel! Fragen Sie nach, wie er sich wirklich fühlt. Welche Gefühle gerade da sind. Und was er sich vom Gespräch erhofft und wünscht. Beispielsweise kann das Bedürfnis da sein, sich einfach mal über den stressigen Tag auszulassen und es ist ein verständnisvoller Zuhörer gefragt. Möglicherweise ist der Partner entmutigt und wünscht sich ein paar aufbauende Worte. Oder Ihr Partner ist in Stimmung für die gemeinsame Wochenendplanung. Fragen Sie das ab, um im Gespräch darauf einzugehen und Enttäuschungen zu vermeiden. Achten Sie auch immer auf ihre eigenen aktuellen Bedürfnisse und kommunizieren Sie Ihrem Partner, was Sie gerade brauchen.

Sehnsucht, Einsamkeit und Vermissen

Ein Gefühl, das vielen Paaren aus der Fernbeziehung ebenfalls bekannt ist, ist die Sehnsucht nach dem Partner und das Vermissen. In Wochenendbeziehungen, oder wenn noch seltener persönliche Treffen möglich sind, ist eine starke Einsamkeit und Sehnsucht nach dem Partner oft Bestandteil der Partnerschaft. Nicht immer gelingt es, Struktur und Routine, die Sicherheit geben, in die Beziehung zu integrieren.

Beispiel aus der Praxis

Als Tina und Max in meine Fernbeziehungsberatung kamen, drohte ihre Beziehung an der Nähe-und-Distanz-Problematik zu zerbrechen. Max arbeitete oft zehn Tage am Stück im Ausland und verbrachte im Anschluss drei bis vier Tage in der gemeinsamen Wohnung mit Tina. In Zeiten, in denen Max im Ausland arbeitete, war die Sehnsucht bei Tina so stark, dass sie Max mehrmals am Tag anrief und ihm bis zu 400 Kurznachrichten pro Tag schrieb. An Max' verlängerten freien Wochenenden wollte Tina jede Sekunde gemeinsam mit ihm verbringen. Allerdings konnte Max die starke Nähe nach der Trennung nicht so einfach zulassen und ging in den ersten ein bis zwei Tagen auf Abstand. Tina fühlte sich abgelehnt. Am vierten Tag, kurz vor Max Abreise, war Tina bereits von der Sehnsucht getrieben. Sie weinte mehrere Stunden und war tief traurig, dass die gemeinsame Zeit bereits jetzt wieder zu Ende war. Eine unhaltbare Situation für die Beziehung der Beiden.

Leider gibt es kein Patentrezept gegen das Vermissen. Das sich-nacheinander-Sehnen ist und bleibt Bestandteil einer Fernbeziehung. Genauer gesagt ist es sogar eine Grundvoraussetzung: Ohne die Sehnsucht nacheinander gäbe es wohl kaum Motivation, immer wieder weite Strecken und lange Reisen auf sich zu nehmen. Das Gute ist: In Ihrem Leben gibt es einen Menschen, der solche starken Gefühle in Ihnen auslösen kann, gerade weil er Ihnen so wichtig ist. Wahrscheinlich fühlt Ihr Partner andersrum auch ähnlich für Sie. Und genau das ist ein unglaubliches Glück und Geschenk. Seien Sie stolz, dass Sie sich gefunden haben und dass der Wunsch nach gemeinsamer Zeit bei Ihnen beiden so stark ist, dass Sie bereit sind, die Strapazen, die mit Ihrer

Partnerschaft verbunden sind, auf sich zu nehmen. Dann ist die Sehnsucht zwar immer noch da, fühlt sich aber vielleicht ein kleines bisschen weniger schlimm an.

Fernbeziehungs-Tipp 45

Akzeptieren Sie die Sehnsucht.

In einer Fernbeziehung sind der Wunsch, so viel Zeit wie möglich mit dem Partner zu verbringen, und das Gefühl, ohne ihn unvollständig zu sein, ganz normal. Die Traurigkeit, die Sie beim Abschied verspüren und die Frustration, ausgelöst durch das Gefühl, Ihr Leben praktisch ohne Ihren Partner zu leben, sind oft ein fester Bestandteil. Fast jeder Mensch, der eine Fernbeziehung führt, fühlt sich ab und zu so. Machen Sie sich also bewusst: Nicht nur Sie haben diese Gedanken. Auch Ihr Partner denkt sicherlich viel an ihre gemeinsam verbrachte Zeit und wünscht sich, Sie wieder bei sich zu haben. Sie sind nicht allein mit Ihren Gefühlen und es kann helfen, sie zu kommunizieren. Erzählen Sie Ihrem Partner, dass Sie ihn vermissen. Vielleicht wirkt ein offenes Gespräch über Ihre Gefühle erleichternd. Es kann hilfreich sein, festzustellen, dass Sie mit Ihren Gefühlen nicht allein sind.

Fernbeziehungs-Tipp 46

Schaffen Sie gemeinsame Lichtblicke.

Es kann das Vermissen und die Sehnsucht verringern, gemeinsame Pläne und Ziele zu haben. Verabreden Sie also so bald wie möglich ihr nächstes Treffen, um sich auf Ihren Partner zu freuen. Machen Sie bereits Pläne darüber, wie Sie sich Ihr nächstes Treffen vorstellen und erzählen Sie Ihrem Partner, worauf Sie sich besonders freuen! Auch ein fester Telefontermin kann helfen, die Sehnsucht zu stillen. Möglicherweise ist sogar ein Ende der Fernbeziehung in Sicht und Sie können schon bald gemeinsam an einem Ort leben. Freuen Sie sich auf gemeinsame Lichtblicke jeder Art und versuchen Sie, das Gefühl des Vermissens umzuwandeln in Vorfreude auf Ihr nächstes Telefonat oder Treffen.

! **Fernbeziehungs-Tipp 47**

Hören Sie auf, die Sehnsucht zu pflegen.

Denn es führt zu nichts, das negative Gefühl noch zu schüren. Sperren Sie sich nicht ein und betrachten Sie stundenlang gemeinsame Fotos – davon wird das Vermissen nur noch gestärkt. Betrachten Sie Fotos wann immer Sie möchten, denken Sie aber daran, wie schön die gemeinsame Zeit mit Ihrem Partner ist, und sagen Sie sich innerlich, wie sehr Sie sich auf Ihren Partner freuen und wie glücklich Sie sind, ihn zu haben. Achten Sie bei den Gedankenspielen und dem Betrachten gemeinsamer Fotos auf das richtige Maß.

! **Fernbeziehungs-Tipp 48**

Leben Sie im Hier und Jetzt.

Auch wenn Sie am liebsten jeden Tag mit Ihrem Partner zusammen wären, ist es wichtig, zu akzeptieren, dass die Zeit mit ihm nicht Ihren Alltag darstellt. Kommen Sie im echten Leben an, statt die ganze Zeit nur auf eine Nachricht aus der Ferne zu warten. Lenken Sie sich ab, indem Sie Ihren Hobbies nachgehen und soziale Kontakte pflegen. So vergeht die Zeit bis zum nächsten Wiedersehen viel schneller und Ihnen bleibt weniger Zeit, Ihren Partner zu vermissen. Nehmen Sie sich bewusst Zeiträume, um mit Ihrem Partner zu telefonieren aber schaffen Sie sich auch Zeiten, in denen Sie nur für sich sind und Ihr Leben leben. In denen Sie bewusst Zeit mit Ihren Freunden oder Ihrer Familie verbringen und dem Mobiltelefon keine Beachtung schenken.

> **!** **Fernbeziehungs-Tipp 49**
> Gestalten Sie Ihre Zeit für sich.

Suchen Sie sich Dinge, die Ihnen Spaß machen. Lernen Sie, Ihren Alltag auch allein zu genießen. Wenn Sie Ihre Freizeit so gestalten, dass die Aktivitäten Ihnen entsprechen und Sie mit Freude erfüllen, werden Sie nicht mehr so viele Gedanken darauf verwenden, was Sie gerade Schönes mit Ihrem Partner erleben könnten. Wenn Sie einen schönen Spaziergang gemacht haben oder die Sporteinheit Sie an diesem Tag erfüllt hat, nehmen Sie sich vor, diese Erlebnisse beim nächsten Besuch mit Ihrem Partner zu wiederholen, anstatt traurig zu sein, dass er bei diesem Mal nicht dabei war. Möglicherweise neigen Sie in Zeiten, in denen Sie Ihren Partner vermissen, dazu, übermäßig dramatisch zu denken. Erkennen Sie solche Denkmuster und ersetzen Sie sie bestmöglich. Es ist nie zu spät, für ein schönes Erlebnis mit Ihrem Partner, sobald er Sie das nächste Mal besucht.

Fernbeziehungs-Tipp 50
Wandeln Sie negative Gefühle in positive um.

Es kann leicht passieren, dass Sie durch das Vermissen in eben so eine negative Gedankenspirale rutschen. Ihre Gedanken werden dann möglicherweise dominiert von Sätzen wie: *„Warum muss ausgerechnet ich jemanden finden, der so weit weg wohnt?"*, *„Warum muss genau mein Partner im Ausland arbeiten?"*, *„Warum habe ich immer so Pech?"*, *„Wie soll ich ohne ihn/sie im Alltag glücklich werden?"* – Lösen Sie sich von diesen Gedanken! Bleiben Sie optimistisch. Denn Sie haben eine Fernbeziehung. Und das bedeutet, dass Sie jemanden gefunden haben, mit dem es so gut passt, dass Sie beide den weiten Weg zueinander auf sich nehmen – was für ein Wunder! Achten Sie auf Ihre Gedanken, damit sie nicht die Qualität Ihrer Beziehung nachhaltig beeinflussen. Wenn Ihr Nachdenken negativ dominiert ist, kommt es leicht zu einer sich selbst erfüllenden Prophezeiung.

Sie haben die Macht über Ihre Gedanken und damit über Ihr Wohlbefinden. Denken Sie also immer daran: Jemanden zu vermissen bedeutet auch, sich mit einer Person verbunden zu fühlen – und was gibt es Schöneres?

Mit Ablehnung umgehen

Eine weitere große Herausforderung stellt der persönliche Umgang mit Ablehnung durch den eigenen Partner dar – und diese ist in Wochenend- und Fernbeziehungen oftmals an der Tagesordnung.

Beispiel aus der Praxis

Vor einigen Monaten beriet ich in der Fernbeziehungs-Beratung zeitgleich zwei Paare mit ähnlichen Problemen: Lisa, die eine Wochenendbeziehung mit ihrem Partner Roland führt, beschwerte sich, dass ihr Partner Verabredung oft nicht wahrnehmen könne, da er Überstunden machen oder einen spontan angesetzten Termin wahrnehmen müsse. Roland brachte Lisa völlig auf, als sie gemeinsam ein zweisames Wochenende verbringen wollten und sie ihre Pläne aufgrund einer kurzfristigen Geschäftsreise Rolands verschieben mussten. Lisa drohte Roland an, sich zu trennen, sollte er noch einmal eine Verabredung mit ihr aufgrund beruflicher Gründe absagen. Zur selben Zeit betreute ich Niko und Sandra. Sie hatten geplant, gegen Jahresende ihre Fernbeziehung durch einen Jobwechsel Nikos zu beenden. Niko sollte, von Stuttgart weg, mit in Sandras Eigentumswohnung in Köln ziehen. Nun entschied Niko sich jedoch, in seiner Firma zu bleiben aber eine bessere Position (mit möglicherweise zusätzlichen Überstunden und Wochenendarbeit) anzunehmen. Für Sandra war es eine unhaltbare Situation, die Fernbeziehung aufrecht zu erhalten, da Nikos berufliche Situation schon mehrmals dazu geführt hatte, dass er sie bei festen Telefonterminen versetzt hatte und keine Zeit für ein Gespräch aufbringen konnte, wenn bei ihr der Schuh drückte. Sandra reagierte sehr ablehnend auf die berufliche Entscheidung ihres Partners. Sie konnte sich nicht aufrichtig für ihn – und seinen beruflichen Aufstieg – freuen und zweifelte an seinen Gefühlen für sie und dem Willen, die Beziehung aufrecht zu erhalten.

All das sind Alltagssituationen, die ich bei Paaren in meiner Fernbeziehungsberatung erlebe. Paare, die mit dem Gefühl, abgelehnt zu werden, ganz unterschiedlich umgehen. Während Lisa auf die Enttäuschung mit einer Drohung reagierte, die Beziehung zu beenden, blieb Sandra äußerlich ganz ruhig und begann, die Beziehung still und leise für sich selbst zu hinterfragen. Wie Sie persönlich auf Ablehnung reagieren, hängt mit Ihren erlernten Lösungsstrategien zusammen. Was Sie aus Ihrer Ursprungsfamilie und aus Ihren bisherigen Lebenserfahrungen gelernt haben, wirkt sich darauf aus, wie Sie negativen Gefühlen, Enttäuschung und Ablehnung begegnen.

Wenn Ihr Partner Verabredungen nicht einhält, sich ein Zusammenzug verzögert oder Sie das Gefühl haben, dass Ihr Partner seine Prioritäten oftmals außerhalb der Beziehung setzt, kann sich schnell das Gefühl einstellen, abgelehnt zu werden. Möglicherweise werden Sie in solchen Situationen an andere Momente in Ihrem Leben erinnert, in denen Sie abgelehnt und vernachlässigt wurden. Vielleicht neigen Sie dann auch zu Verallgemeinerungen und dramatisieren die Situation. Möglicherweise machen Sie Ihrem Partner Vorwürfe und werden laut – oder ziehen sich im Gegenteil zurück und machen die Situation mit sich selbst aus. In jedem Fall ist es entscheidend, auf eine gute Kommunikation zu achten.

Fernbeziehungs-Tipp 51

Führen Sie ein aktives Gespräch mit Ihrem Partner.

Sagen Sie Ihrem Partner, wie sich die Situation für Sie anfühlt. Achten Sie dabei auf die Kommunikationsregeln aus dem ersten Kapitel. Lassen Sie Ihren Partner an Ihren Gefühlen teilhaben, statt sich zurück zu ziehen. Verzichten Sie jedoch auch auf Vorwürfe – diese werden die Situation nicht verändern. Enttäuscht Ihr Partner Sie regelmäßig, ist es berechtigt, sein Interesse an der Beziehung zu hinterfragen. Dabei sollten Sie jedoch auf die notwendige Sachlichkeit achten. Formulieren Sie einen Wunsch an Ihren Partner, der zusammenfasst, wie Sie sich Ihre Beziehung vorstellen – welche Priorität die Beziehung haben soll und wie viel Zeit Sie füreinander einplanen sollten. Bitten Sie Ihren Partner sich mit Ihren Wünschen auseinander zu setzen und sich klar zu werden, ob er bereit ist, diese zu erfüllen.

> **!** **Fernbeziehungs-Tipp 52**
> Setzen Sie Ihrem Partner nicht das Messer auf die Brust.

Manche Menschen reagieren auf die Ablehnung durch ihren Partner mit einem Gegenangriff: Sie drohen, die Beziehung zu beenden oder stellen ein Ultimatum. Ich rate Ihnen dringend von einer solchen Reaktion ab! Bitte rufen Sie sich ins Gedächtnis: Höchstwahrscheinlich würde Ihr Partner sehr gerne seine Pläne mit Ihnen verwirklichen. Mit großer Wahrscheinlichkeit bemüht er sich, Ihre Verabredungen einzuhalten. Eine weitläufige Karriereentscheidung, wie es bei meinem Klienten Niko der Fall war, wird nicht leichtfertig getroffen. Diese Entscheidung hat große Auswirkungen auf den weiteren Verlauf des Lebens. In einer solchen Entscheidungssituation vom Partner unter Druck gesetzt zu werden ist nicht hilfreich und sorgt im Gegenteil sogar dafür, dass Ihr Partner sich von Ihnen entfernt um seine Entscheidung ohne Stress und Druck fällen zu können. Das soll nicht bedeuten, dass Sie jederzeit und immer Verständnis für alles und jede Entscheidung haben müssen. Wenn Gefühle der Enttäuschung, des Ärgers und der Trauer in Ihnen aufkommen, wenn Sie sich nicht respektiert und vernachlässigt fühlen, dann ist das vollkommen berechtigt und in Ordnung. Nehmen Sie diese Gefühle wahr, geben Sie Ihnen Raum und drücken Sie sie in adäquater Weise Ihrem Partner gegenüber aus. Gehen Sie ins Gespräch und schaffen Sie auch Raum für die Gefühle Ihres Partners. In der Beratungssitzung wurde sehr schnell klar, dass Niko sich zwar über den beruflichen Aufstieg freute, jedoch selbst enttäuscht darüber war, dass der Umzug zu Sandra damit erstmal auf Eis gelegt war. Er wusste, wie sehr die Neuigkeiten sie enttäuschen würde, musste seine eigenen Gefühle sortieren und hatte Angst vor Ihrer Reaktion. Die Fernbeziehungsberatung war für das Paar hilfreich dabei, die eigenen Gefühle zu ordnen und auszudrücken. Es gelang Sandra, mehr Verständnis für Nikos Entscheidung aufzubringen, als sie erfuhr, dass die Wahl der Karriere statt des Zusammenzugs ihm nicht leicht gefallen war.

!

Fernbeziehungs-Tipp 53

Lassen Sie sich dabei helfen, mit der Ablehnung umzugehen.

Beim Abschluss der Beratung wurde schnell klar, dass Niko und Sandra die Beziehung aufrechterhalten wollten und nach anderen Wegen für ein Leben an einem gemeinsamen Ort suchen wollten. Ohne die Beratung, die eine Aussprache auf einem sachlichen Niveau erst möglich gemacht hatte, wäre die Beziehung möglicherweise beendet worden oder die Ablehnung unausgesprochen zwischen den Partnern im Raum gestanden. Ich rate also auch Ihnen dringend, sich in einer solchen Situation professionelle Unterstützung in einer Paartherapie zu suchen um den Konflikt sachlich und endgültig aufzulösen und zu einer Einigung zu kommen.

Auf den Punkt gebracht

Während einige Paare viel Struktur benötigen um mit den schnellen und abrupten Wechseln zwischen Nähe und Distanz in der Fernbeziehung umzugehen, nimmt Spontanität und Abwechslungsreichtum für andere Paare einen hohen Stellenwert ein. Stellen Sie gemeinsam mit Ihrem Partner Ihr persönliches Bedürfnis fest und strukturieren Sie Ihre Treffen, sowie den Kontakt außerhalb der gemeinsamen Zeit, Ihrem Bedürfnis entsprechend – es gibt kein Richtig oder Falsch, kein zu viel oder zu wenig. Sprechen Sie über den Kontakt und finden Sie so ein Maß, das Ihrer Beziehung entspricht. Besprechen Sie Ihre Pläne für die getrennte sowie die gemeinsame Zeit und bleiben Sie flexibel in der Planung. Zeigen Sie Ihrem Partner gegenüber Verständnis, wenn einmal weniger Zeit für den Kontakt bleibt oder ein Treffen verschoben werden muss. Achten Sie jedoch auch darauf, sich regelmäßig Zeit füreinander zu nehmen – auch wenn Sie gerade nicht am gleichen Ort sind. Beachten Sie in Ihren Gesprächen die aktuellen Befindlichkeiten des Anderen, denn diese nehmen maßgeblichen Einfluss auf die Stimmung und den Verlauf des Gesprächs. Akzeptieren Sie das Gefühl der Sehnsucht und des Vermissens als Teil der Fernbeziehung.

Pflegen Sie Ihre Sehnsucht nicht, sondern schaffen Sie stattdessen gemeinsame Lichtblicke. Leben Sie im Hier und Jetzt und gestalten Sie Ihre Zeit für sich. Bedenken Sie Ihre Beziehung mit Dankbarkeit und wandeln Sie so negative Gefühle in positive um. Beachten Sie, dass jeder Mensch anders mit Ablehnung umgeht und gehen Sie im Falle von Enttäuschungen miteinander ins Gespräch, anstatt dem Partner das Messer auf die Brust zu setzen. Holen Sie sich wenn nötig professionelle Hilfe, um angemessen mit Enttäuschungen und Ablehnung umzugehen, ohne Ihre Beziehung aufs Spiel zu setzen.

Herausforderung 5: Eine Streitkultur etablieren

Auch über die Distanz ergeben sich Konflikte in der Beziehung. Es gibt unzählige Strategien, um Streitigkeiten in der Fernbeziehung zu begegnen. Während einige Paare sich alle Streitthemen bis zum Wochenende aufsparen, um die Konflikte dann persönlich zu klären, streiten andere Paare über Videochat oder am Telefon. Es gibt keine richtige oder falsche Strategie für das Streitverhalten, denn Ihre Beziehung unterscheidet sich von allen anderen Partnerschaften. Wichtig ist einzig und allein:

> **!**
>
> **Fernbeziehungs-Tipp 54**
>
> Etablieren Sie eine Streitkultur, die zu Ihnen und Ihrer Beziehung passt.

Denn Konflikte und Streit zu vermeiden, um der guten Stimmung willen, verhindert den Streit nicht langfristig.

Streitvermeidung vermeiden

Ich erlebe oft, dass Paare Konflikte scheuen und Streit vermeiden. Dieses Verhalten entsteht meist aus der Angst, ein Streit könnte die Beziehung nachhaltig verschlechtern oder sogar zur Trennung führen. Diese Sorge entsteht meist aus tief sitzenden Glaubenssätzen und Überzeugungen.

Fernbeziehungs-Tipp 55

Lernen Sie Ihr eigenes Streitverhalten besser kennen.

Denn sich selbst und das eigene Verhalten in Streitsituationen zu kennen, kann helfen, es zu verändern. Stellen Sie sich folgende Fragen:

- Was bedeutet Streit für mich?
- Wie wurde in meiner Herkunftsfamilie gestritten?
- Wie war mein Streitverhalten mit bisherigen Partnern?
- Was löst Streit in mir aus?

Beispiel aus der Praxis

In der Beratung arbeitete ich mit Bettina und Jonas, für die ihr Streitverhalten ein großes Problem darstellte. Jonas sah Streit als notwendig an und nutzte ihn dazu, die Beziehung langfristig zu entspannen. Aus seiner Herkunftsfamilie war Jonas gewöhnt, schwierige Themen sachlich anzusprechen und endgültig zu klären. Im Gegensatz dazu stellte die Austragung von Konflikten für Bettina eine existenzielle Bedrohung der Beziehung dar. In ihrer Herkunftsfamilie hatte sie nur einige wenige Streitsituationen erlebt, die die Familie jedes Mal existenziell bedroht hatte und einmal sogar zur zeitweiligen Trennung ihrer Eltern geführt hatte. Jonas wollte durch sein Streitverhalten ein Zeichen von Vertrauen senden: Er versuchte auszudrücken, dass ihm an der Beziehung liegt und er daran festhalten und die Partnerschaft verbessern wollte. Währenddessen weckte er damit in Bettina die große Angst, verlassen zu werden und das Gefühl, nicht akzeptiert und geliebt zu sein.

Fernbeziehungs-Tipp 56

Sprechen Sie mit Ihrem Partner über Ihr Streitverhalten.

Wenn Sie sich selbst im Klaren darüber sind, welche Rolle Konflikte und Streit für Sie in sozialen Beziehungen übernehmen und Sie Ihr eigenes Streitverhalten gut kennen, ist es an der Zeit, dieses Wissen mit Ihrem Partner zu teilen. So geben Sie ihm die Chance, Ihr Verhalten in Streitsituationen besser einordnen zu können.

Durch eine offene Kommunikation über die jeweilige Bedeutung von Streit, konnten Bettina und Jonas das Missverständnis aufklären. In neuen Konfliktsituationen weiß Bettina jetzt, dass sie nicht um die Aufrechterhaltung der Beziehung fürchten muss, während Jonas darauf achten kann, sich so auszudrücken, dass er seiner Partnerin nicht das Gefühl gibt, mit dem Gedanken an eine Trennung zu spielen.

Fernbeziehungs-Tipp 57

Sehen Sie Ihr Streitverhalten als Qualitätsmerkmal der Beziehung.

Das mag vielleicht im ersten Moment verwunderlich wirken. Dinge anzusprechen und Ihrem Partner mitzuteilen, was Sie stört, zeichnet jedoch mitunter eine gute Beziehung aus. Und wer streitet, tut genau das! Ist in Ihrer Beziehung eine gute Streitkultur etabliert, so können Sie Schwierigkeiten offen und ohne Angst ansprechen und es kann gelingen, das Vertrauen ineinander und in die Beziehung sowie die Qualität der Beziehung zu steigern.

Um eine gute Streitkultur zu etablieren, ist es oft nötig, über den eigenen Schatten zu springen.

Fernbeziehungs-Tipp 58

Suchen Sie das Gespräch und gehen Sie den Konflikt ein.

Es bietet sich an, in harmonischen Zeiten, in denen es keinen akuten Streitpunkt gibt, darüber zu sprechen, was Sie sich im Streit voneinander wünschen. Erzählen Sie Ihrem Partner, was Sie richtig wütend macht und was Sie besänftigt. So können Sie im Ernstfall respektvoll miteinander streiten, ohne den Anderen zu verletzen.

Fernbeziehungs-Tipp 59

Streiten Sie respektvoll.

Beachten Sie dazu die Kommunikationstipps aus dem ersten Kapitel und bemühen Sie sich besonders, nicht zu verallgemeinern, keine alten Geschichten aufzuwärmen, keine Anschuldigungen und Schuldzuweisungen vorzubringen, verschiedene Meinungen zuzulassen und Ihrem Partner Recht zu geben, wenn er es verdient. Seien Sie ehrlich, sprechen Sie alles an, was gesagt werden muss, und achten Sie verstärkt darauf, von sich zu sprechen und Wünsche statt Forderungen zu formulieren.

Fernbeziehungs-Tipp 60

Sprechen Sie Dinge an, sobald sie Sie stören.

Vielleicht neigen auch Sie oft dazu, Ihren Ärger, um der Harmonie willen, herunter zu schlucken. Sie sprechen Probleme erst an, wenn Sie fast explodieren und haben dann Schwierigkeiten, eine sachliche Lösung zu finden. Versuchen Sie also zukünftig, Probleme anzusprechen, sobald Sie sie bemerken. Auch wenn Sie denken, Ihrem Partner einen Gefallen zu tun, indem Sie ihn nicht auf Kleinigkeiten hinweisen, liegen Sie damit meist falsch. Ihr Partner kann Ihre Gedanken nicht lesen und Ihren Ärger nicht erahnen. Im schlimmsten Fall wird er von einem plötzlichen Wutausbruch vollkommen überrascht. In einem frühen Stadium des Ärgers – wenn das Problem noch klein und unbedeutend ist – gelingt Ihnen eher eine sachliche Lösung, ohne einen Konflikt einzugehen. Sie können ruhig und gelassen Ihren Wunsch formulieren und haben große Chancen, dass Ihr Partner sein Verhalten sofort verändert, um Ihren Wunsch zu erfüllen. So umgehen Sie einen großen unnötigen Streit.

Der Schlüssel zur erfolgreichen Streitkultur liegt also zu einem gewissen Teil in einer guten partnerschaftlichen Kommunikation. Weiter ist es absolut relevant, Konflikte und Themen, die zu Streit führen, auch einmal ganz persönlich zu hinterfragen um sicherzustellen, dass überhaupt der wahre Grund für den Streit bearbeitet wird.

Dem Konflikt auf den Grund gehen

Fragen Sie sich deshalb immer:

Schritt 1: Was ist die wirkliche Ursache des Konflikts?

Einem Streit liegen fast immer ein Gefühl und ein Bedürfnis zugrunde. Nicht immer gelingt es den Partnern im Streit jedoch, die wirkliche Ursache zu erkennen.

> *Beispiel aus der Praxis*
> *In der Fernbeziehungsberatung arbeitete ich mit Jennifer und Leonard, die schon seit mehreren Monaten eine Fernbeziehung führten. Grundsätzlich waren die Beiden mit ihrer Beziehung zufrieden, wäre da nicht ein Problem: Streitigkeiten am Telefon eskalierten in der Regel vollständig. Die Partner brauchten mehrere Tage, um sich nach einem Streit wieder zu erholen und hatten Angst, ihre Beziehung dadurch dauerhaft zu schädigen. Sie beschrieben ihr Streitverhalten folgendermaßen: Oft gerieten sie am Telefon in einen Konflikt, weil Leonard aufgrund spontaner beruflicher Termine, Verabredungen mit Jennifer verschieben oder absagen musste. Ihre Reaktion auf Anrufe dieser Art war immer ähnlich: Jennifer schrie Leonard am Telefon an, benutzte absolute Ausdrücke, wie „Melde dich nie wieder bei mir!" oder „Ich will dich nie wieder sehen!", und drohte, die Beziehung zu beenden. Zudem unterbrach sie oft abrupt das Gespräch, sendete wütende Textnachrichten oder rief Leonard direkt danach wieder an, um ihn zu fragen, weshalb er sie nicht zurück gerufen hatte, um sich zu entschuldigen. Leonard wusste sich oftmals nicht anders zu helfen, als sein Handy abzuschalten, um sich vor Jennifers impulsivem Verhalten zu schützen – was sie noch mehr in Rage brachte: Ein Teufelskreis.*

In der Beratung konnte ich Jennifer schnell davon überzeugen, wie schädlich ihr impulsives Verhalten für die Beziehung war.

Schritt 2: Betrachten Sie die Situation mit Abstand

Es gelang ihr – nach einiger Zeit der Übung – in Situationen, in denen sie kurz davor war, impulsiv zu reagieren, zu Leonard zu sagen: „Ich ärgere mich gerade sehr. Ich brauche ein paar Minuten, um meine Gedanken und Gefühle zu ordnen. Ich melde mich wieder." Wir verabredeten, dass Jennifer in den betreffenden Situationen das Gespräch mit diesen Worten beende würde, um ihre Bedürfnisse und Gefühle für sich zu ordnen, anstatt impulsiv zu reagieren. Ich gab Jennifer Übungen an die Hand, um in sich selbst zu hören.

Schritt 3: Erkennen Sie Ihre eigenen Gefühle

Es war hilfreich für sie, sich selbst laut folgende Frage zu stellen: „Was ist gerade mit mir los? Was fühle ich?" Dann wählte Jennifer aus den Grundgefühlen – Freude, Angst, Ärger, Trauer, Scham, Ekel – diejenigen aus, die sie gerade verspürte. Meist empfand sie in den betreffenden Situationen eine Mischung aus Trauer darüber, dass sie auf die gemeinsame Zeit mit Leonard verzichten musste, Ärger darüber, dass sie sich von seiner Entscheidung übergangen fühlte, und Angst, unwichtig für ihn zu sein oder sogar verlassen zu werden.

Jennifer konnte erkennen, dass ihr impulsives Verhalten und die Flucht durch das plötzliche Ende des Gesprächs, ihre ureigene Reaktion auf diese Mischung an Gefühlen darstellte. Gleichzeitig erkannte sie jedoch auch, dass ihr sehnlichster Wunsch in diesen Situation darin bestand, Nähe zu Leonard zu spüren und sich mit ihm verbunden zu fühlen.

Möglicherweise kommt Ihnen diese Reaktion bekannt vor. Ich stelle immer wieder fest, wie viele Menschen sich von ihrem Partner genau dann abwenden, wenn sie sich nichts sehnlicher wünschen als Nähe und Verbundenheit. Oftmals steckt die Angst dahinter, dass der Wunsch nach Nähe nicht erwidert wird – obwohl diese meist unbegründet ist!

Schritt 4: Teilen Sie Ihre Gefühle mit

Wenn Jennifer für sich erkannt hatte, welche Mischung an Gefühlen sie gerade spürte und was ihre sehnlichsten Wünsche und Bedürfnisse waren, konnte sie Leonard wieder anrufen. Sie konnte ihm dann ehrlich sagen, was sie in Anbetracht des Konflikts empfand und was sie sich wünschte. Sie konnte aufhören, ihm willkürliche Vorwürfe an den Kopf zu werfen und fokussierte sich auf ihre wahren Gefühle, Gedanken und Wünsche.

> **Fernbeziehungs-Tipp 61**
>
> Diskutieren Sie das relevante Thema.

Es macht keinen Sinn, stundenlang über die Unzuverlässigkeit Ihres Partners zu schimpfen – auch wenn er sich möglicherweise oft unzuverlässig verhält – wenn das eigentliche Thema darin besteht, dass Sie sich allein und von ihm im Stich gelassen fühlen und sich wünschen, dass er sich um Sie bemüht. Überprüfen Sie also in Streitgesprächen immer wieder, ob sich der Streit gerade noch um den relevanten Gegenstand handelt oder ob Sie vom Thema abgewichen – und in Grundsatzdiskussionen ausgewichen – sind. Stellen Sie sicher, dass Sie Ihren Partner nicht gerade angreifen, um sich für einen Gegenangriff zu wappnen. Konzentrieren Sie sich darauf, sich ihrem Partner zu zeigen und eine Lösung zu finden, anstatt den Streit auszuweiten und sich zurück zu ziehen. Unterbrechen Sie negative Gedankenspiralen – auch indem Sie aussprechen, was Sie denken und fühlen.

Ein Medium für den Streit finden

Eine Streitkultur in eine Fern- oder Wochenendbeziehung zu etablieren, ist eine besondere Herausforderung. Viele Paare haben den Wunsch, die gemeinsame Zeit harmonisch zu verbringen und schlucken Konflikte deshalb herunter, anstatt sie auszutragen. Gleichzeitig wollen einige Paare den Streit übers Telefon vermeiden, da sie zu impulsiven Handlungen neigen und beispielsweise mitten im Telefonat das Gespräch beenden. Erfahrungsgemäß ist es wenig hilfreich, Gedanken und Gefühle zu unterdrücken. Ein Streit kann auch während der gemeinsamen Zeit reinigend wirken, sofern Sie sich auf das relevante Thema besinnen und die wichtigsten Gesprächsregeln einhalten. Einen Streit jedoch mehrere Tage oder sogar Wochen herauszuschieben, um ihn persönlich austragen zu können, kann dafür sorgen, dass aus einem kleinen Problem ein großes Thema wird und eine sachliche Lösung nicht mehr möglich ist.

Sie müssen selbst entscheiden, wie Sie mit Konflikten in Ihrer Beziehung umgehen wollen. Wichtig ist einzig und allein:

> **!**
> **Fernbeziehungs-Tipp 62**
> Lernen Sie, Konflikte auch über die Entfernung zu lösen.

Dabei gibt es verschiedene Möglichkeiten, die jeweils Vorteile und Herausforderungen bieten.

Option 1: Streiten über Videochat

Diese Möglichkeit hat den Vorteil, dass Sie sich gegenseitig sehen können. Missverständnissen kann so leichter begegnet werden und auch wenn Sie keine Möglichkeit zur Berührung haben, besänftigt es erfahrungsgemäß bereits, die Mimik und Gestik Ihres Partners wahrzunehmen. Achten Sie bei dieser Option auf eine gute Internetverbindung – Verbindungsprobleme, Einfrieren des Bildes oder jeden Satz wiederholen zu müssen, stellt zusätzliche Stressfaktoren dar, die in Streitsituationen oft nicht förderlich für eine gute Einigung sind.

Option 2: Streiten über Telefon

Sie können sich zwar nicht sehen, haben die Stimme Ihres Partners aber sehr nah und damit die Möglichkeit, seine Stimmung und seine Emotionen einzuschätzen. Achten Sie bei dieser Option darauf, sich einen ruhigen Ort für das Gespräch zu suchen – in der U-Bahn streitet es sich meist nicht besonders gut. Es ist wertschätzend Ihrem Partner gegenüber, sich Zeit und Raum für ein Streitgespräch zu nehmen. Sie investieren damit ja in Ihre Beziehung. Noch ein No-Go: Während des Telefonats einfach auflegen. Stellen Sie sich dem Konflikt und diskutieren Sie ihn auf einer Ebene, die Ihrer Beziehung würdig ist. Wenn Sie sich darüber ärgern, was Ihr Partner Ihnen sagt, erklären Sie ihm was in Ihnen vorgeht. Ein „Ich fühle mich durch deine Worte angegriffen und verletzt und weiß gerade nicht, wie ich damit umgehen soll" wird mehr Verständnis in Ihrem Partner hervorbringen, als wütend den Hörer aufzulegen.

Option 3: Streiten über Nachrichten

Diese Option bietet sich vor allem dann an, wenn Sie Ihre Worte gerne sorgfältig wählen. Nachrichten bieten Ihnen die

Möglichkeit, sich ganz genau zu überlegen, was Sie sagen möchten und dies dann sorgfältig zu formulieren – ohne von Ihrem wortgewaltigen Partner unterbrochen zu werden. Auch für die Reaktion können Sie sich so viel Zeit nehmen, wie Sie möchten. Noch ein Tipp: Oft hilft es, Missverständnissen vorzubeugen – denn das stellt die größte Gefahr bei geschriebenen Streitgesprächen dar – wenn Sie den Text zwei- oder dreimal lesen und sich dabei darauf konzentrieren, ihn neutral zu betonen. Überprüfen Sie: Ist Ihr Text angemessen und drückt er das aus, was Sie wirklich sagen wollen? Gibt es noch unnötige Formulierungen, die Ihren Partner möglicherweise angreifen oder verletzen, und die noch gelöscht werden sollten?

> **!** **Fernbeziehungs-Tipp 63**
> Vermeiden Sie Missverständnisse.

Die große Gefahr bei Streitgesprächen in Fernbeziehungen besteht in der Möglichkeit, Missverständnisse nicht zu bemerken. Oft fassen die Partner Aussagen unterschiedlich auf oder interpretieren zu viel. Achten Sie deshalb darauf, sich ganz klar auszudrücken und sich auf die Kernaussage zu reduzieren. Machen Sie sich selbst klar, was Sie sagen wollen und formulieren Sie einen eindeutigen Wunsch an Ihren Partner.

Sich versöhnen

Nicht immer ist es sinnvoll, sofort ein Streitgespräch zu führen. Manche Situationen erfordern, dass Sie sich erst beruhigen und später wieder den Kontakt zu Ihrem Partner suchen, um den Konflikt beizulegen.

> **Fernbeziehungs-Tipp 64**
> Nehmen Sie sich so viel Zeit, wie Sie benötigen.

Klären Sie in jeder Situation aufs Neue, ob Sie sich richtig verstanden haben. So lässt sich der eine oder andere Konflikt vermeiden. Auch eine Versöhnung nach einem Streitgespräch ist nur von langer Dauer, wenn Sie eine eindeutige Einigung erzielt haben, mit der Sie beide einverstanden sind.

> **Fernbeziehungs-Tipp 65**
> Finden Sie heraus, was Sie wollen.

Denn Sie können sich nur Versöhnen und zu einer Einigung kommen, wenn Sie wissen, was Sie sich von Ihrem Partner wünschen. Überlegen Sie sich eine faire und mögliche Lösung für den Konflikt und formulieren Sie einen Wunsch. Achten Sie darauf, dass es sich um eine Lösung handelt, die für Sie zufriedenstellend und für Ihren Partner machbar ist. Und wenn Ihr Partner sich gewillt zeigt, Ihren Wunsch zu erfüllen:

> **Fernbeziehungs-Tipp 66**
> Lassen Sie es gut sein.

Verzichten Sie darauf, noch weiter auf seinen Fehlern herum zu reiten. Akzeptieren Sie die Lösung, wenn Sie sie als zufriedenstellend empfinden – sonst müssen Sie nachverhandeln. Haken Sie den Konflikt ab. Besinnen Sie sich wieder auf die guten Seiten an Ihrem Partner und schließen Sie den Streit ab. Möglicherweise hilft Ihnen ein Ritual – ob persönlich oder über das Telefon. Ich kenne Personen, für die es nach einem Streit wichtig ist, von Ihrem Partner zu hören, dass der Streit nichts an der Liebe füreinander und an dem Wunsch nach einer Beziehung geändert hat. Seien Sie frei in der Art, wie Sie sich miteinander versöhnen, aber hören Sie in sich hinein und stellen Sie sich folgende Fragen:

- Ist die Lösung für mich zufriedenstellend?
- Kann ich den Konflikt oder das Streitgespräch jetzt guten Gewissens abhaken?
- Kann ich die Beziehung mit meinem Partner weiter führen ohne das Thema erneut anzubringen und meinem Partner Vorwürfe deswegen zu machen?

Können Sie alle drei Fragen mit JA beantworten? Dann ist es Ihnen gelungen, neben einer guten Streitkultur, alle Voraussetzungen für eine liebevolle Versöhnung geschaffen zu haben.

> **!**
> **Fernbeziehungs-Tipp 67**
> Ziehen Sie an einem Strang!

Ich bin immer wieder überrascht von der Härte, die einige Paare in Ihren Streitgesprächen miteinander an den Tag legen. Oft erlebe ich, dass das Wort „Kampf" eher zutreffend ist als „Konflikt" oder „Streit". Solche Paare erinnere ich immer an folgendes:

Sie sind ein Paar! Sie sind ein Team! Ziehen Sie an einem gemeinsamen Strang. Es geht nicht darum, wer gewinnt. Es geht darum, eine Lösung miteinander zu finden. Sie führen ein Streitgespräch, weil Sie gut miteinander sein möchten. Das oberste Ziel sollte darin bestehen, dass es Ihnen beiden in Ihrer Beziehung so gut wie möglich geht. Niemand – keiner von Ihnen beiden – hat etwas davon, auf Kosten des Anderen im Recht zu sein. Grundsätzlich sollten Sie in Ihrer Beziehung das Wohl Ihres Partners im Blick haben. So wie Sie sich vielleicht Überraschungen für Ihren Partner überlegen, ihm am Wochenende möglicherweise den Kaffee ans Bett bringen oder ein leckeres Essen zubereiten, einen liebevollen Brief verfassen, ihm ein Stück Arbeit abnehmen: Mit genau dieser Liebe und Fürsorge sollten Sie sich im Streit begegnen.

Fernbeziehungs-Tipp 68

Streiten Sie miteinander und nicht gegeneinander.

Auf den Punkt gebracht

Lernen Sie, auch über die Distanz zu streiten aber achten Sie dabei darauf, eine Streitkultur zu etablieren, die zu Ihnen und Ihrer Beziehung passt. Lernen Sie Ihr eigenes Streitverhalten besser kennen, indem Sie Ihre persönliche Streit-Geschichte beleuchten, und teilen Sie Ihre Erfahrungen mit Ihrem Partner um mehr Verständnis füreinander zu schaffen. Sehen Sie Streit und

Konflikte als Qualitätsmerkmal und Zeichen des Vertrauens in Ihrer Beziehung an und streiten Sie respektvoll. Sprechen Sie Dinge an, sobald sie Sie stören und scheuen Sie sich nicht, Konflikte einzugehen. Vertrauen Sie darauf, durch eine respektvolle Kommunikation jeden Streit versöhnlich beilegen zu können. Arbeiten Sie auch innerlich mit Ihren Konflikten. Finden Sie die wirkliche Ursache heraus und achten Sie darauf, im Streit bei dieser zu bleiben. Nehmen Sie Abstand von der Situation, wenn nötig, und erkennen Sie so Ihre zugrundeliegenden Bedürfnisse, Gedanken und Gefühle – formulieren Sie diese als Wunsch an Ihren Partner. Streiten Sie, wann immer es nötig ist! Haben Sie keine Angst, die gemeinsame Zeit damit zu belasten, warten Sie aber auch nicht unbedingt bis zum nächsten Treffen: Auch Videochat, Telefon und Kurznachrichten können als Konfliktmedium dienen. Versöhnen Sie sich! Aber erst nachdem Sie sich so viel Zeit genommen haben, wie Sie benötigen und sichergestellt ist, dass kein Missverständnis bezüglich der Einigung zwischen Ihnen und Ihrem Partner vorliegt. Und wenn Sie sich geeinigt haben: Lassen Sie es gut sein! Vergessen Sie nie: Sie sind ein Paar; Sie ziehen an einem Strang und Sie streiten miteinander und nicht gegeneinander!

Herausforderung 6: Missverständnisse und Enttäuschungen

Über die Distanz, gerade wenn die Kommunikation zum größten Teil über Kurznachrichten, E-Mails oder kurze Telefonate stattfindet, kommt es immer wieder zu Missverständnissen und daraus resultierenden Enttäuschungen. Die meisten Paare, mit denen ich in der Online-Paartherapie arbeite, beschweren sich darüber, von ihrem Partner nicht verstanden oder sogar missverstanden zu werden. Andersrum sind sie meist der Meinung, genau zu wissen, was ihr Partner sich wünscht und was ihm gut tut.

Subjektivität als Nährboden für Missverständnisse

Ein Grundsatz, den es zu verstehen gilt, wenn Missverständnisse und Enttäuschungen in der Fernbeziehung vermieden werden wollen, lautet

> **!**
> **Fernbeziehungs-Tipp 69**
> Werden Sie sich Ihrer subjektiven Sichtweise bewusst.

Beispiel aus der Praxis

Ich arbeitete in der Fernbeziehungsberatung mit Johanna und Simon, die beruflich bedingt eine Fernbeziehung von

Münster nach Bremen führen. Johanna beschwerte sich, dass Simon sich keine Zeit für ausführliche Telefonate mit ihr nahm und lediglich einige Minuten am Tag – morgens auf dem Weg zur U-Bahn – für ein persönliches Gespräch aufwendete. Sie fühlte sich dadurch nicht wertgeschätzt. Den restlichen Tag kommunizierten sie über Kurznachrichten. Simon hingegen erklärte, dass er sich die Zeit auf dem Weg zur U-Bahn extra für ein Gespräch mit Johanna freihielt, da er in seinem Job tagsüber keine Möglichkeit für ein privates Telefonat hatte und Johanna abends meist beim Sport oder mit Freunden unterwegs sei. Auch die Zeiten, zu denen sie schlafen gingen, unterschieden sich so, dass kein Gute-Nacht-Telefonat möglich war. Während Johanna sich durch die wenige Zeit, die Simon für persönliche Gespräche mit ihr aufwendete, vernachlässigt fühlte und enttäuscht war, enttäuschte es Simon, dass seine Partnerin seine Bemühungen nicht zur Kenntnis nahm und sich zudem noch über sein Verhalten beschwerte.

Fernbeziehungs-Tipp 70

Erkennen Sie Ihre subjektive Interpretation der Situation.

Wie Sie Situationen interpretieren, hängt eng zusammen mit ihren bisherigen Erfahrungen. Eindrücke aus der Kindheit, aber auch aus früheren Beziehungen, spielen hier eine Rolle. Mit meiner Klientin Johanna konnte ich beispielsweise in einer Einzelsitzung herausarbeiten, dass sie durch einen früheren Partner eine schwere Vertrauensverletzung in Form eines Seitensprungs erlebt hatte, die sich durch die Abnahme des Kontakts zu ihrem Partner angekündigt hatte. Unbewusst fühlte sie sich in der Situation mit Simon an diese Erfahrung erinnert und interpretierte die Situation fälschlicherweise als Gefahr. Ein offenes Gespräch mit Simon über ihre Erfahrungen und Ängste konnte helfen, das Missverständnis zu klären.

> **!**
> **Fernbeziehungs-Tipp 71**
> Versetzen Sie sich in die Situation Ihres Partners hinein.

Sobald Sie sich bewusst machen, wir stark Ihre subjektive Sichtweise die Wahrnehmung der Situation verändert, können Sie die Perspektive Ihres Partners übernehmen. Versuchen Sie, sich in ihn hinein zu versetzen und seine Handlung zu verstehen. Fragen Sie Ihren Partner nach den Gründen für sein Verhalten und teilen Sie Ihrem Partner erneut Ihre Wünsche und Bedürfnisse klar und deutlich mit.

> **!**
> **Fernbeziehungs-Tipp 72**
> Machen Sie sich die verschiedenen Interpretationen bewusst.

Denn es gibt nicht die einzige und richtige Wahrheit in einer bestimmten Situation. Im Fall von Johanna und Simon sind beispielsweise folgende Interpretationen möglich:

- Johanna reagiert wütend, weil sie das Gefühl hat, Simon nicht wichtig zu sein, da er scheinbar keinen Teil seiner Freizeit für ein Gespräch mit ihr verwendet.

- Johanna ist besorgt, weil sie bemerkt, über wie wenig freie Zeit er verfügt und Sorge hat, er könnte sich überarbeiten.
- Johanna reagiert traurig, weil sie sich alleine gelassen und vergessen fühlt.
- Johanna ist ängstlich, weil sie den wenigen Kontakt als Rückzug Simons interpretiert und Angst hat, verlassen oder betrogen zu werden.
- Johanna freut sich, weil sie so mehr Zeit für ihre Sportkurse und das Ausgehen mit ihren Freunden hat.

All das sind mögliche Interpretationen der Kommunikationssituation zwischen Johanna und Simon und es sind noch viele mehr vorstellbar. Wie die Situation tatsächlich interpretiert wird, hängt, wie bereits beschrieben, von der persönlichen Vorerfahrung der Beteiligten ab.

Vielleicht haben Sie beim Lesen bemerkt, dass Sie sich persönlich zu einer der Interpretationsmöglichkeiten besonders hingezogen gefühlt haben und eine andere Art der Interpretation möglicherweise niemals in Betracht gezogen hätten. Nehmen Sie wahr, wie verschieden ein und dieselbe Situation interpretiert werden kann. Was für Sie die einzig logische Interpretation und Erklärung ist, lehnt Ihr Partner möglicherweise wiederum ab.

Wenn Sie sich der Tatsache, wie viele mögliche Interpretationen es gibt und dass jeder Mensch dieselbe Situation völlig unterschiedlich wahrnimmt, bewusst machen, kann es Ihnen gelingen, Missverständnisse zu vermeiden und echtes Verständnis für die Sichtweise Ihres Partners aufzubringen.

Missverständnisse vermeiden durch Kommunikation

Auch wenn Ihnen jetzt bewusst ist, dass Sie möglicherweise eine andere Sichtweise der Dinge und Situationen haben als Ihr Partner, haben Sie noch nicht geklärt, in welchen Punkten diese sich genau unterscheiden. Gerade das ist aber nötig, um herauszufinden, was Sie möchten und brauchen.

Da bereits in vorherigen Kapiteln die wichtigsten Punkte und Prinzipien rund um das Thema Kommunikation eingeführt wurden, beschränke ich mich hier kurz und knapp auf die wichtigsten Tipps, um Missverständnisse auf kommunikativer Basis zu vermeiden:

> **Fernbeziehungs-Tipp 73**
> Kommunizieren Sie eindeutig.

Sagen Sie Ihrem Partner deutlich, wie Sie die Situation wahrnehmen – neutral und ohne zu bewerten. Erklären Sie Ihrem Partner, was die Situation mit Ihnen macht und wie Sie sich fühlen. Äußern Sie Ihr Bedürfnis und eine deutliche Bitte.

> **Fernbeziehungs-Tipp 74**
> Fragen Sie nach, ob Sie Ihren Partner richtig verstanden haben.

Unterschätzen Sie nicht, wie sehr Ihre eigene Geschichte und Ihre persönliche Sichtweise selbst in klaren Kommunikationssituationen noch Einfluss nehmen. Fragen Sie deshalb immer nach, ob Sie Ihren Partner richtig verstanden haben – neutral und ohne zu bewerten.

Fernbeziehungs-Tipp 75

Finden Sie heraus, was Sie brauchen.

Oft entstehen Missverständnisse auch daraus, dass Sie etwas brauchen, um das Sie Ihren Partner nicht bitten. Möglicherweise sind Sie sich oft selbst nicht darüber bewusst, was Sie brauchen. Spüren Sie also in sich! Es gibt typische Wünsche, die besonders oft erfüllt werden wollen und sollen. Vielleicht kennen Sie einige davon aus eigener Erfahrung:

- Verständnis
- Einen Zuhörer
- Tröstende Worte
- Eine Umarmung
- Das Gefühl der Zusammengehörigkeit
- Ablenkung
- Das Gefühl, wichtig zu sein und geliebt zu werden
- Verbundenheit
- Tipps

Seien Sie gerade in Bezug auf den letzten Punkt vorsichtig: Möglicherweise neigen Sie dazu, Ihrem Partner manchmal ungefragt Tipps zu geben, weil Sie denken, dass das für ihn hilfreich sei. Tipps helfen nur dann, wenn Sie wirklich gebraucht und angenommen werden können. Geben Sie Ihrem Partner also nur dann einen Tipp, wenn Sie sich vorher versichert haben, dass es genau das ist, was er gerade benötigt. Tipps zu bekommen, obwohl beispielsweise gerade das Bedürfnis nach Verständnis da ist, erzeugt zusätzlich Missverständnisse und Unzufriedenheit.

Enttäuschung vermeiden

Trotz allen guten Willens und jeglicher Bemühungen ist das Risiko für Enttäuschungen in Fernbeziehungen sehr groß – zu leicht kommt doch einmal spontan etwas dazwischen: Der Chef beruft ein spätes Meeting am Freitag-Nachmittag ein, die Piloten streiken oder es gibt eine Straßensperre auf der Autobahn. Auch wenn Sie sich bereits lange auf das gemeinsame Wochenende gefreut haben, kommen Sie nicht immer umhin, die Verabredung zu verschieben. Auch besondere Ereignisse – den neuen Partner den Freunden vorzustellen beispielsweise – muss dann noch warten. Und der lang geplante gemeinsame Urlaub muss manchmal abgesagt und aufs nächste Jahr verschoben werden. Trotz allem gibt es einige Tricks, die Ihnen dabei helfen können, Enttäuschungen in Fern- und Wochenendbeziehungen zu vermeiden.

> **!**
> **Fernbeziehungs-Tipp 76**
> Vermeiden Sie falsche Versprechungen.

Wenn sich bereits zu Anfang oder Mitte der Woche abzeichnet, dass Sie am Freitag Überstunden machen müssen und es so nicht mehr schaffen werden, eine mehrstündige Autofahrt auf sich zu nehmen, kommunizieren Sie das von Anfang an. Ihr Partner wird zwangsläufig enttäuscht sein, wenn Sie ihm erst Freitag nach der Arbeit mitteilen, dass es jetzt wohl zu spät ist, um noch loszufahren. Versuchen Sie, einen realistischen Blick für die Situation zu entwickeln. Es ist hilfreich, wenn beide Partner von Anfang an wissen, woran sie sind und was sie sich voneinander erwarten können.

> **!**
> **Fernbeziehungs-Tipp 77**
> Nehmen Sie sich nur Dinge vor, die Sie mit größter Wahrscheinlichkeit schaffen können.

Überprüfen Sie also schon bei der gemeinsamen Planung, ob Ihr Vorhaben realistisch ist. Buchen Sie beispielsweise einen anderen Zug, wenn Ihre aktuelle Verbindung nur wenige Minuten Umsteigezeit vorsieht und vermeiden Sie so eine mehrstündige Verzögerung. Auf diese Weise ersparen Sie sich Stress, unnötige Enttäuschung und daraus resultierende Konflikte.

> **!**
> **Fernbeziehungs-Tipp 78**
> Kommunizieren Sie Ihre Erwartungen.

Wie in beinahe jedem Kapitel gilt dieser Tipp auch hier. Gleichen Sie mit Ihrem Partner ab, was Sie gegenseitig voneinander erwarten. Sprechen Sie darüber, ob Sie die gleichen Pläne für die gemeinsamen Stunden teilen. Suchen Sie unbedingt das Gespräch – auch wenn es unangenehm ist.

Fernbeziehungs-Tipp 79

Lassen Sie sich nicht unter Druck setzen.

Möglicherweise haben Sie manchmal das Gefühl, Ihr Partner würde zu viel von Ihnen erwarten. Er wünscht sich beispielsweise, dass Sie sich nach der Arbeit beeilen, um den früheren Zug zu erreichen. Oder er möchte, dass Sie das Familienessen, das Ihnen eigentlich wichtig ist, absagen, um mehr zweisame Zeit zu verbringen. Vielleicht steht sogar die Forderung im Raum, Ihren Job zu kündigen, um endlich eine Nahbeziehung führen zu können. Klären Sie in einer solchen Situation erstmal mit sich selbst, was davon Sie erfüllen können und auch wollen und lassen Sie sich nicht unter Druck setzen. Erklären Sie Ihrem Partner, dass Sie ihn zwangsläufig enttäuschen werden, wenn er so hohe Anforderungen an Sie stellt und Druck ausübt. Seien Sie ehrlich! Versichern Sie Ihrem Partner, dass es Ihnen mit der Beziehung ernst ist, Sie aber auch andere Wünsche und Verpflichtungen haben, die es zu vereinbaren gilt.

Möglicherweise ist ein offenes und ehrliches Gespräch auch die richtige Möglichkeit herauszufinden, was Ihrem Partner wirklich auf dem Herzen liegt.

Fernbeziehungs-Tipp 80

Sehen Sie das Bedürfnis dahinter.

Auf den ersten Blick erscheint der Druck, den Ihr Partner möglicherweise auf Sie ausübt, als ein Zeichen des Wunsches, möglichst viel gemeinsame Zeit miteinander zu verbringen. Doch vielleicht steckt noch etwas anderes dahinter. Möglicherweise hat Ihr Partner Angst, verlassen zu werden. Vielleicht fällt ihm das Alleine sein schwer. Es kann sein, dass er das Ausmaß Ihrer Bemühungen als Indikator Ihrer Zuneigung sieht – wenn Sie den Zug verpassen, das Auto nicht anspringt oder die Fluglotsen streiken, fühlt er sich deshalb möglicherweise ungeliebt und ist enttäuscht. Wenn er ständig nach Zeichen sucht, die beweisen, dass er nicht genug geliebt wird, wird jede unvorhergesehene Situation diese Empfindung verstärken und zu noch mehr Enttäuschung führen. Entdecken Sie solche versteckten Mechanismen, thematisieren Sie sie und finden Sie gemeinsam – oder mit Unterstützung im Rahmen einer Paartherapie – eine Lösung für Ihre Partnerschaft.

Doch auch unabhängig von versteckten Bedürfnissen ist eines für das Vermeiden von Enttäuschungen erheblich wichtig:

Fernbeziehungs-Tipp 81

Geben Sie Ihr Bestes!

Auch wenn das Konzept der Fern- oder Wochenendbeziehung kompliziert ist, haben Sie sich dafür entschieden – für diese Beziehungsform und für Ihren Partner. Also geben Sie alles, was nötig und möglich ist. Manchmal ist es erforderlich, die Beziehung in den Vordergrund zu stellen, sie zu priorisieren vor der Arbeit und vor der Herkunftsfamilie. Sie müssen ein Mittelmaß finden, das Ihnen und Ihren Wünschen und Anforderungen entspricht. Nur Sie wissen, was

Sie leisten können und wollen. Geben Sie Ihr Bestes, um Ihren Partner nicht zu enttäuschen, aber kennen und wahren Sie Ihre Grenzen dabei.

Mit Ärger umgehen

Leider passiert es manchmal – auch trotz aller Bemühungen –, dass sich eine Enttäuschung nicht vermeiden lässt. Beachten Sie die folgenden Tipps, wenn Sie Ihren Partner enttäuscht haben oder von ihm enttäuscht wurden.

> **!** **Fernbeziehungs-Tipp 82**
> Seien Sie ehrlich und reden Sie Klartext.

Reden Sie nicht lange um den heißen Brei herum, wenn Sie bemerken, dass Sie Ihren Partner unvermeidlich enttäuschen werden. Seien Sie ehrlich zu ihm, damit er weiß, woran er ist und seine Zeit anderweitig verplanen kann. Auch wenn Sie selbst enttäuscht wurden, ist Ehrlichkeit das oberste Gebot.

> **!** **Fernbeziehungs-Tipp 83**
> Kommunizieren Sie Ihre Emotionen.

Den Ärger und Missmut herunterzuschlucken, bringt Sie nicht weiter. Teilen Sie Ihre Gedanken auf sachliche und ruhige Art und Weise mit Ihrem Partner – er darf ruhig wissen, dass Sie enttäuscht sind. Denn nur so bekommt er die Chance, Sie zu trösten. Verschließen Sie sich nicht vor ihrem

Partner und vermeiden Sie impulsive Reaktionen, beispielsweise am Telefon aufzulegen, und damit eine Verschlimmerung der Situation. Nehmen Sie sich Zeit für sich, um die Enttäuschung zu akzeptieren, wenn Sie das benötigen, aber kommunizieren Sie dieses Bedürfnis. Ich helfe meinen Klienten dabei, einen friedlichen Satz zu finden, der Ihre Gefühle in einer solchen Situation ausdrückt, beispielsweise: „Ich bin so traurig, dass wir uns an diesem Wochenende doch nicht sehen können, weil ich mich schon so sehr darauf gefreut habe. Ich brauche jetzt ein bisschen Zeit für mich, um die Situation zu akzeptieren. Ich melde mich bei dir, wenn es mir besser geht.“ So kann Ihr Partner einordnen, was Sie fühlen und gerade brauchen.

Fernbeziehungs-Tipp 84

Suchen Sie die Schuld nicht beim Anderen.

Auch wenn Sie durch eine enttäuschende Situation völlig zurecht verärgert sind, ist es wichtig, dieses Gefühlschaos nicht dadurch zu lösen, Ihren Partner für die Situation verantwortlich zu machen. Denn Ihr Partner trägt nicht die Schuld am Stau, den Zugverspätungen oder der Launenhaftigkeit seines Chefs. In den meisten Fällen können Sie ganz sicher sein: Auch Ihr Partner wäre jetzt am Liebsten bei Ihnen. Ihm die Schuld für Unplanbares zu geben, ist nicht angebracht.

Fernbeziehungs-Tipp 85

Verallgemeinern Sie nicht.

Denn wie bereits beschrieben, wird Ihr Partner ganz sicher eine Situation finden, in der es ihm gelungen ist, Sie nicht zu enttäuschen. Verallgemeinerungen verletzen unnötig, schüren den Konflikt und sind wenig lösungsorientiert.

> **!**
> **Fernbeziehungs-Tipp 86**
> Verzichten Sie auf Interpretationen.

Mit großer Wahrscheinlichkeit war es nicht die Absicht Ihres Partners, Sie zu verletzen. Interpretieren Sie sein Verhalten nun also nicht als Ablehnung gegen sich selbst. Kennen Sie Sätze wie „Du willst mich doch überhaupt nicht sehen!" und „Du gibst dir gar keine Mühe, weil es dir nicht wichtig ist!" aus Ihrem eigenen Sprachgebrauch? Dann ist es an der Zeit, diese Sätze zu entfernen. Gehen Sie besser in ein konstruktives Gespräch, in dem Sie die Gesprächsregeln aus dem ersten Teil des Buchs beachten. Sollten Sie bemerken, dass immer wieder ähnliche Enttäuschungen Ihr Beziehungsleben bestimmen und Sie in Gesprächen und Diskussionen keine guten Lösungen dafür finden, rate ich dringend, das Thema in einer Paartherapie zu bearbeiten.

Ein Weg, wie Sie in der konkreten Situation mit einer enttäuschenden Absage Ihres Partners umgehen können, besteht darin,

> **!**
> **Fernbeziehungs-Tipp 87**
> Haben Sie einen Plan B.

Sie müssen das Wochenende nicht alleine auf dem Sofa verbringen, wenn ihr Partner Ihre Verabredung nicht einhalten kann. Machen Sie sich Gedanken, welche Alternativen Ihnen zur Verfügung stehen. Welche Freunde können Sie anrufen? Womit verbringen Sie gerne Ihre Zeit? Nutzen Sie die neu gewonnene Freizeit doch dafür, ein schon länger anstehendes Projekt zu beginnen – den Balkon zu bepflanzen, ein neues Buch zu beginnen, Wandern zu gehen, alte Freunde zu besuchen oder Zeit mit Ihrer Familie zu verbringen. Ganz sicher gibt es viele andere Dinge, die Sie glücklich machen und mit denen Sie sich die Zeit vertreiben können. Diese Beschäftigungen können Sie von Ihrer Enttäuschung ablenken. Deshalb ist es wichtig, die Möglichkeiten, die Ihnen im Ernstfall zu Verfügung stehen, zu kennen.

Auf den Punkt gebracht

Fern- und Wochenendbeziehungen bieten viele Möglichkeiten für Missverständnisse und Enttäuschungen. Ein Grundsatz, um dem Eintreten dieser entgegenzuwirken, besteht darin, sich der eigenen subjektiven Sichtweise bewusst zu werden. Durch das Erkennen Ihrer eigenen subjektiven Interpretation der Situation und dem Versuch, sich in die Situation Ihres Partners hineinzuversetzen, kann es Ihnen gelingen, sich der verschiedenen Interpretationsmöglichkeiten bewusst zu werden und mehr Verständnis für die Situation und Ihren Partner aufzubringen. Auch auf eine eindeutige Kommunikation zu achten und sicherzustellen, dass Sie Ihren Partner richtig verstanden haben, kann helfen, Missverständnisse zu vermeiden. Finden Sie zudem heraus, was Sie gerade wirklich von Ihrem Partner brauchen. Verringern Sie die Chancen für Enttäuschungen durch das Vermeiden falscher Versprechungen und nehmen Sie sich nur Dinge vor, die Sie mit größter Wahrscheinlichkeit schaffen können. Bleiben Sie mit Ihrem Partner im Kontakt, klären Sie die gegenseitigen Erwartungen und vermeiden Sie, Druck aufeinander auszuüben. Das zugrunde liegende Bedürfnis wahrzunehmen, kann Verständnis schaffen. Trotzdem sollten Sie in jedem Fall Ihr Bestes geben! Sollte sich eine Enttäuschung oder ein Missverständnis nicht vermeiden lassen, seien Sie ehrlich und kommunizieren Sie Ihre Emotionen. Suchen Sie die Schuld für die Situation nicht bei Ihrem Partner und verzichten Sie auf Verallgemeinerungen und Interpretationen der Situation. Um Enttäuschungen zu überwinden ist es hilfreich, einen Plan B und eine Übersicht über Ihre Möglichkeiten zu haben.

Herausforderung 7: Sexualität in der Fernbeziehung

Ein erfülltes Sexleben gestaltet sich in Fernbeziehungen – besonders bei weiten Distanzen und wenig persönlichem Kontakt – sehr schwierig. Viele Paaren leben in Zeiten der Trennung in völliger Abstinenz und stehen beim Wiedersehen unter großem Druck, alles Verpasste schnellstmöglich nachzuholen. Wenn dann Erschöpfung von der Reise, Müdigkeit oder Krankheit dazwischen kommen, wenn schlicht keine Zeit bleibt, Stunden im Bett zu verbringen, oder ein Partner einfach mal keine Lust hat, führt das schnell zu enttäuschten Erwartungen.

Sexualität über die Distanz leben

Die meisten Paare, die in Fern- oder Wochenendbeziehungen leben, sind sich einig: Der Sex fehlt. Neben einem Gefühl der Einsamkeit, leiden die meisten meiner Klienten auch unter dem Mangel an Körperlichkeit. Doch es gibt verschiedene Arten, das Sexualleben über die Distanz zu gestalten.

> **!**
> **Fernbeziehungs-Tipp 88**
> Diskutieren Sie Ihre Möglichkeiten!

Gerade das Sexleben ist in der Paarbeziehung ein sehr intimes Thema. Mit jedem Partner wird eine andere Sexualität gelebt – sie ist dem individuellen Paar eigen. Jeder Mensch hat andere Vorlieben, die es gilt mit denen des Partners zu vereinbaren. Bei allem, was über Sexualität gesagt und geschrieben wird, handelt es sich um individuelle Meinungen. Jeder Tipp, der bezüglich der Paarsexualität gegeben wird, kann als Vorschlag verstanden werden. Es gibt kein Gut und Schlecht, kein Richtig und kein Falsch.

Einige Paare, die ich in der Online-Paartherapie betreue, haben sich dazu entschlossen, Ihre Beziehung zu öffnen und ihr Bedürfnis nach Körperlichkeit in Zeiten der räumlichen Trennung bei anderen Menschen auszuleben. Meist handelt es sich bei diesen Paaren um solche mit sehr großer Entfernung. Die Öffnung der Paarbeziehung und damit die Möglichkeit, sexuelle Bedürfnisse in Zeiten der Trennung mit anderen Partnern zu erfüllen, bietet dem Paar die Chance, sich miteinander auszutauschen ohne von sexuellen Bedürfnissen geleitet zu werden. Auch beim Wiedersehen steht die Sexualität so nicht übermächtig im Vordergrund. Eine offene Beziehung benötigt klare Grenzen und ein starkes (Selbst-)Vertrauen. Paaren, die generell unter Problemen im gegenseitigen Vertrauen leiden, rate ich davon ab, eine offene Beziehung zu führen. Eine offene Beziehung kann in einer Paartherapie vorbereitet werden. Unabhängig davon ist es aber wichtig, noch stärker als sonst, miteinander ins Gespräch zu gehen und Grenzen zu stecken und einzuhalten, um Verletzungen und Enttäuschungen zu vermeiden. Und eines muss es jederzeit geben: Die Möglichkeit, die offene Beziehung wieder zu schließen und monogam zu leben. Doch nicht jedes Paar kann sich die Öffnung der eigenen Beziehung vorstellen und ich möchte hier betonen, dass das auch nicht der einzig richtige Weg ist.

Einigen Paaren fehlt weniger die reine Sexualität, die ihnen durch die Entfernung entgeht, als vielmehr der generelle Körperkontakt. Während in Nahbeziehungen oft mehrmals am Tag kleine körperliche Aufmerksamkeiten ausgetauscht werden – sei es eine Berührung, ein Kuss oder ein Streicheln – und meist sogar die gesamte Nacht im selben Bett verbracht wird, ist Körperkontakt in Fernbeziehungen Mangelware.

Fernbeziehungs-Tipp 89

Sorgen Sie für den nötigen Körperkontakt.

Holen Sie sich Ihre Dosis körperlicher Nähe also von außen, unabhängig davon, wo sich ihr Partner gerade befindet. Bitten Sie einen Freund oder eine Freundin um eine innige Umarmung und umgeben Sie sich mit liebevollen Menschen, die gerne Nähe schenken.

Beispiel aus der Praxis

Eine Klientin, die ihren Partner nur alle zwei bis drei Monate trifft, erzählte mir, dass sie fast jedes Wochenende bei ihrer besten Freundin übernachte und ihr das helfe, die Sehnsucht nach ihrem Partner so zu mindern.

Klar ist jedoch, dass freundschaftlicher Kontakt in den wenigsten Fällen so befriedigend ist, wie Sex mit dem eigenen Partner.

Für Paare, die sich gegen eine offene Beziehung entscheiden, gibt es andere Möglichkeiten, ihre Sexualität trotz der Distanz miteinander zu leben.

Fernbeziehungs-Tipp 90

Entdecken Sie die Wege der Sexualität über das Smartphone.

Einige Paare entdecken es für sich, in Zeiten der Trennung erotische Fotos an den Partner zu senden. Dies bietet eine Möglichkeit, Ihrem Partner eine Freude zu bereiten und die sexuelle Spannung auch über die Distanz aufrecht zu erhalten. Ein gutes Vertrauensverhältnis zu Ihrem Partner ist in diesem Falle wichtig. Sie sollten vorher besprechen, wie Sie mit diesen intimen Dateien umgehen – sorgen Sie dafür, dass sie sicher und für keine andere Person zugänglich gespeichert sind und Sie im Falle einer Trennung nicht besorgt darüber sein müssen, was mit Ihren Fotos geschieht.

Manchmal entsteht aus dem Versenden erotischer Fotos oder auch unabhängig davon, der Wunsch nach Telefonsex oder Sex via Videochat. Diese Form des Kontakts schafft eine starke Verbundenheit zwischen Ihnen und Ihrem Partner und sorgt gleichzeitig für das maximale gemeinsame sexuelle Erleben, das in einer Fernbeziehung möglich ist. Oft sind Themen wie Telefonsex oder Sex über Skype stark schambesetzt – der Wunsch danach ist lange da, bevor Sie das Thema Ihrem Partner gegenüber ansprechen können. Sie sollten einen Zeitpunkt und eine Form der Kommunikation finden, bei der Sie sich wohlfühlen, wenn Sie ein Gespräch über das Thema Sexualität suchen.

Paare, die ihr virtuelles Sexleben in der Fernbeziehung praktizieren, berichten mir oft von ähnlichen Problemen: Beim Versenden der Fotos schwingen fast immer ängstliche Gefühle mit – Ist mein Partner beim Empfang des Fotos alleine? Ist meine Intimsphäre geschützt? Auch beim Sex via Telefon oder Videochat berichten die Paare, dass sie zwar die Verbundenheit für den Moment spüren, sich danach jedoch noch stärker als zuvor ihrer Entfernung bewusst werden. Das führt oft zu starker Einsamkeit und dem Gefühl, den Partner zu vermissen.

Trotzdem sind viele Paare vom Konzept des virtuellen Sex überzeugt. Einige beschreiben Anfangsschwierigkeiten. Nicht allen fällt der erste Schritt leicht – Scham muss abgebaut werden, das Antasten erfordert Mut. Nicht für jedes Paar ist es der richtige Weg. Wenn die Lust am Experimentieren jedoch da ist, steht dem gemeinsamen Ausprobieren nichts im Wege.

Möglicherweise ist virtuelle Sexualität für Sie nicht vorstellbar und Sie entscheiden sich, die sexuelle Abstinenz auszuhalten. In der gemeinsamen Zeit leben Sie ihr Sexleben dann aktiv miteinander.

> **!**
> **Fernbeziehungs-Tipp 91**
> Überbrücken Sie die getrennte Zeit mit Selbstbefriedigung.

Denn diese dient als Ersatz für den fehlenden Sex mit dem Partner. Natürlich findet auch in den meisten Nahbeziehungen Selbstbefriedigung statt. In Fernbeziehungen hat diese jedoch aufgrund der wenigen gemeinsamen Zeit einen höheren Stellenwert.

Eine Angst, die in vielen Fernbeziehungen dominiert, ist die vor einem Seitensprung. Gerade bei langen Perioden ohne persönliche Treffen, wenn der eigene Partner nicht mehr greifbar sondern nur noch fern ist, kann der Gedanke hin zum Seitensprung gefährlich sein.

> **!**
> **Fernbeziehungs-Tipp 92**
> Suchen Sie ein Gespräch bevor Sie fremdgehen!

Vielleicht gibt es doch eine Lösung – ein früheres Treffen oder eine Aussprache. Möglicherweise sinkt der Druck alleine durch das Gespräch darüber. Vielleicht erklärt sich Ihr Partner bereit, über den eigenen Schatten zu springen und sich gemeinsam mit Ihnen in Richtung virtuellen Sex vorzutasten. Jede Lösung ist besser als eine solche, die Ihren Partner verletzt und Ihre Beziehung möglicherweise zerstört. In einer Situation, in der Sie unter Druck stehen und die Partnerschaft aufs Spiel setzen, empfehle ich Ihnen dringend, sich professionelle Hilfe, im Rahmen einer Paartherapie, zu suchen.

Sich näher kommen und Nähe zulassen

Wenn sich die Partner nach der räumlichen Trennung wieder sehen, ist ihre Art der Annäherung oft sehr unterschiedlich. Während der eine Partner Zeit braucht, um Nähe aufzubauen und das Bild, das er sich durch die Telefonate von seinem Partner gebildet hat, durch Gespräche erst wieder in einen Einklang mit der Realität bringen muss, will der andere Partner am liebsten gleich ins Bett. Oft fühlt sich ein Partner aufgrund der kurzen Zeit zwischen dem Ankommen und dem ersten Sex unter Druck gesetzt. Es ist ihm noch nicht gelungen, emotional beim Anderen anzukommen – das benötigt er jedoch, um sich entspannt auf den Sex einlassen zu können. Während der Eine sehnsüchtig Zuhause auf den Partner gewartet hat, sich die schönsten Dinge ausgemalt hat und bereit ist, direkt alle Fantasien in die Tat umzusetzen, ist der Andere möglicherweise erschöpft von der Reise und braucht erst einmal eine Dusche und Erholung von den Strapazen – Enttäuschung ist vorprogrammiert.

Fernbeziehungs-Tipp 93

Kommunizieren Sie Kompromissbereitschaft.

Äußern Sie Ihre Bedürfnisse gegenüber Ihrem Partner. Bemühen Sie sich, auch seine Bedürfnisse zu hören und zu verstehen. Und handeln Sie dann einen Kompromiss aus: Wie wäre es, direkt nach der Ankunft ein romantisches Essen zu veranstalten? Zu Hause oder im Lieblingslokal.

Fernbeziehungs-Tipp 94

Bauen Sie die richtige Stimmung auf.

Eine romantische Geste beschleunigt die Annäherung und verkürzt damit die Zeit bis zum ersten Sex. Wie wäre es mit einem körperlichen Ritual, das Sie in Ihre Beziehung verankern – eine Begrüßungsmassage zum Beispiel? Es gibt hier keine Pauschallösung – finden Sie die Lösung, die zu Ihnen als Paar passt.

Mit Erwartungsdruck umgehen

Werden Sie sich bewusst: Auch wenn Sie Ihren Partner seltener sehen als Paare in Nahbeziehungen und eine Weile auf Sex verzichten mussten, gibt es keine Mindestanzahl, wie oft Sie an einem gemeinsamen Wochenende miteinander schlafen müssen. Ich gehe sogar so weit zu sagen, dass auch ein Wochenende ohne Sex ein gelungenes Wochenende sein kann.

> **!** **Fernbeziehungs-Tipp 95**
> Nehmen Sie den Druck aus Ihrer Beziehung.

Wenn Sie Lust auf Sex haben, haben Sie Lust. Und wenn nicht, dann ist das eben so. Der Fokus sollten in Ihrer gemeinsamen Zeit nicht auf der Sexualität liegen sonst können Sie womöglich Ihre hohen Erwartungen nicht erfüllen. Es kann immer passieren, dass Sie oder Ihr Partner erkranken, zu müde sind oder nicht genug Zeit zur Verfügung haben – oder eben schlicht und einfach keine Lust. Lassen Sie es ruhig und ohne Druck angehen, auch wenn Sie viel nachzuholen haben – ganz in Ihrem eigenen Tempo. Denn jede Beziehung wird in ihrer eigenen Geschwindigkeit gelebt.

> **!** **Fernbeziehungs-Tipp 96**
> Setzen Sie persönliche Grenzen.

Und lassen Sie sich nicht von Ihrem Partner zum Sex drängen, wenn Sie entweder noch nicht bereit oder gerade nicht in der richtigen Stimmung oder Verfassung sind. Denn auch wenn Sie sich selten sehen, hat Ihr Partner keinen generellen Anspruch auf Ihren Körper oder Ihre Sexualität. Lassen Sie sich nicht unter Druck setzen und wahren Sie Ihre persönliche Grenze.

!

Fernbeziehungs-Tipp 97

Akzeptieren Sie, dass sich Ihre Sexualität über die Dauer Ihrer Fernbeziehung verändern wird.

Denn Sie werden sich vielleicht besser kennen lernen, vertrauter werden, sich mehr trauen. Möglicherweise wird Ihr Verlangen nacheinander jedoch abnehmen. Vielleicht werden Ihnen im Laufe der Zeit andere Dinge an Ihrer Beziehung wichtiger und der Sex rückt in den Hintergrund. Alles ist gut, solange es für Sie beide passt.

Auf den Punkt gebracht

Ein gutes Sexualleben hängt maßgeblich von Ihrer Fähigkeit ab, miteinander zu sprechen, und Ihrer Bereitschaft zu Kompromissen. Gehen Sie miteinander in Kontakt, besprechen Sie Ihre Beziehung und Ihr Sexualleben und lassen Sie sich durch Paartherapie an den Punkten unterstützen, an denen es Ihnen schwerfällt, Klartext zu sprechen und Lösungen zu finden. Diskutieren Sie, ob eine offene Beziehung oder das virtuelle Ausleben Ihrer Sexualität eine Option für Ihre Beziehung ist oder entscheiden Sie sich für sexuelle Abstinenz in Zeiten der Trennung. Achten Sie beim Wiedersehen darauf, behutsam Grenzen zu setzen und den Druck aus der Situation zu nehmen. Bauen Sie gemeinsam – möglicherweise durch romantische Rituale – wieder Nähe zueinander auf und geben Sie Ihrem Sexualleben den Raum, den es braucht.

Herausforderung 8: Geld

Eines ist klar: Fernbeziehungen sind teuer! Die gegenseitigen Besuche gehen je nach Häufigkeit und Distanz mit der Zeit ganz schön ins Geld! Möglicherweise wollen Sie es sich als Paar dann auch gut gehen lassen, wenn Sie sich sehen: Restaurantbesuche, gemeinsam in die Therme, Ausflüge zu besonderen Orten oder bekannten Sehenswürdigkeiten – all das kostet Geld!

Es stellen sich Fragen wie:

- Wer bezahlt den vollen Kühlschrank für die gemeinsame Zeit?
- Wer die Fahrtkosten?
- Und wie regeln Sie es, wenn der eine Partner öfter zu Besuch ist als der andere?

Richtig komplex werden all diese Fragen vor allem, wenn es sich um eine Wochenendbeziehung handelt – wenn die Partner also eine gemeinsame Wohnung haben, ein Partner wochentags jedoch auswärts arbeitet, möglicherweise sogar eine zweite Wohnung unterhält – oder wenn gemeinsame Kinder im Spiel sind.

Fahrt- und Reisekosten

Über die Dauer der Fernbeziehung häufen sich Unmengen an Reisekosten an. Je nachdem in welcher Beziehungsform Sie leben, haben Sie entweder geringe Reisekosten, die dafür oft anfallen oder Sie sehen Ihren Partner aufgrund der großen Distanz nur selten, müssen dafür jedoch teure Flugtickets kaufen.

Wie können die Reisekosten gerecht verteilt werden? In der Fernbeziehungsberatung habe ich bereits viele verschiedene Lösungen kennengelernt, wie Paare in unterschiedlichen Beziehungsformen die finanziellen Aspekte der Reisen aufteilen, die ich jetzt mit Ihnen teilen werde.

> **!** **Fernbeziehungs-Tipp 98**
> Teilen Sie die Kosten sowie die Besuche halb/halb.

Beispiel aus der Praxis
Sofia und Jens kamen unter anderem wegen wiederkehrenden Streitigkeiten um die Regelmäßigkeit der Besuche und die damit einhergehenden Ausgaben zu mir in die Beratung. Gemeinsam erarbeiteten wir eine für dieses Paar nötige strikte Regelung: Sofia und Jens beschlossen, sich in regelmäßigen Abständen mit den Besuchen abzuwechseln, wobei jeder die Kosten für seinen Besuch selbst tragen würde. Sie vereinbarten, schon zwei Monate im Voraus zusammen zu planen, wer an welchem Wochenende zu Besuch kommen würde und sich mit den Besuchen strikt abzuwechseln. Sofia, die bevorzugt mit dem Zug reiste, hatte so die Möglichkeit, günstige Sparpreise im Voraus zu buchen. Jens trug die Spritkosten für seine Besuche mit dem Auto alleine.

Diese Form der Kostenaufteilung eignet sich gut für Paare, die gerne im Voraus planen und sich in regelmäßigen Abständen sehen. Es sind jedoch keine spontanen Besuche oder Änderungen in dieser strikten Regelung vorgesehen.

Durch die frühe Absprache und Buchung der Tickets wird Ihnen so jedoch immer klar sein, wann Sie Ihren Partner das nächste Mal treffen.

Fernbeziehungs-Tipp 99

Diskutieren Sie verschiedene Möglichkeiten.

Beispiel aus der Praxis

Ich arbeitete in mehreren Einzelsitzungen mit Susanne, die unter der finanziellen Abhängigkeit von ihrem Partner litt. Dieser verfügte über ein weit besseres Einkommen als sie selbst, bewohnte zudem eine schöne große Wohnung und war beruflich sehr stark eingespannt. Aufgrund dessen hatte sich Susanne mit ihm geeinigt, ihn so oft wie möglich zu besuchen. Ihnen blieb so mehr gemeinsame Zeit, die in der schönen Atmosphäre seiner großen Wohnung verbracht werden konnte. Da Susanne sich jedoch nicht in jeder Woche das Flugticket – sie wohnte in Hamburg, er in Luzern – leisten konnte, begann ihr Partner, die Reisekosten für sie zu übernehmen. Mit der Zeit begann Susanne, ihre Flugtickets automatisch mit der Kreditkarte ihres Partners zu bezahlen. Zu Beginn verschaffte ihr diese finanzielle Unterstützung neue Möglichkeiten, ihren Partner oft zu besuchen, und somit ein Gefühl der Freiheit. Mit der Zeit fühlten sich die finanziellen Aufwendungen ihres Partners jedoch eher belastend für sie an. Es entstand ein Gefühl der Abhängigkeit. In der Beratung sammelte ich mit Susanne verschiedene Möglichkeiten, die finanziell für sie denk- und leistbar waren und ihr gleichzeitig ihre Unabhängigkeit und Freiheit zurückgaben. Ihre Aufgabe bestand nun darin, alle gesammelten Möglichkeiten mit ih-

rem Partner zu diskutieren und zu einer zufriedenstellenden Lösung zu kommen.

Wenn ein Partner über ein höheres Einkommen verfügt als der andere, ist er manchmal bereit auch großzügig einen größeren Teil der Kosten zu stemmen. Nicht jeder, wie meine Klientin Susanne, kann diese ungleiche finanzielle Aufteilung jedoch akzeptieren. Es muss dann ein Kompromiss geschlossen werden, der die Bedürfnisse beider Partner befriedigt.

Fernbeziehungs-Tipp 100

Teilen Sie die Fahrtkosten genau auf.

...auch wenn ein Partner die Reise öfter auf sich nimmt als der andere. Auch das ist eine Möglichkeit, die diskutiert werden kann.

Fernbeziehungs-Tipp 101

Berechnen Sie die Reisezeit als Aufwendung mit ein.

Sodass der Partner, der besucht wird, einen größeren Anteil der Reisekosten übernimmt, da der andere Partner seine Zeit für die Fahrt einsetzt.

Fernbeziehungs-Tipp 102

Teilen Sie die Fahrtkosten anteilig nach Einkommen auf.

Das würde bedeuten, dass der besser verdienende Partner einen höheren Anteil der finanziellen Aufwendungen übernimmt, der prozentual an sein Gehalt angepasst ist. Voraussetzung hierfür ist natürlich die offene Kommunikation bezüglich der gegenseitigen Verdienste, wozu ich ihnen unabhängig von der Beziehungsform dringend rate!

Fernbeziehungs-Tipp 103

Verfügen Sie über gemeinsames Geld.

So gelingt es ihnen, die Diskussion über die Finanzen so gering wie möglich zu halten. Unterhalten Sie ein zusätzliches gemeinsames Konto, auf das Sie, nach Bedarf oder per Dauerauftrag, Geld einzahlen oder regeln Sie die gemeinsamen Finanzen über einen geteilten Geldbeutel oder ein Sparschwein. Bezahlen Sie dann die anfallenden Kosten von diesem gemeinsamen Geld. Hier müssen Sie sich nur noch entscheiden, wer wie viel Geld einzahlt. Auch hier gibt es die Möglichkeit, den strikten Weg zu gehen – jeder Partner zahlt genau die gleiche Menge Geld ein – oder die finanzielle Aufwendung prozentual am Gehalt der Partner festzumachen. Voraussetzung für diese Methode ist jedoch, dass Sie und Ihr Partner einen ähnlichen Bezug zu Geld haben. Es kann sonst zu Streit kommen, wenn beispielsweise Ihr Partner nach den billigsten Schnäppchen jagt, während Sie sich das 1. Klasse-Zugticket gönnen und aus der gemeinsamen Tasche bezahlen.

Fernbeziehungs-Tipp 104

Klären Sie die gegenseitigen Erwartungen und halten Sie Absprachen ein!

Über Geld zu sprechen ist unabhängig von der bevorzugten Lösung wichtig und richtig. Es führt kein Weg daran vorbei, die Finanzen, aber auch finanzielle Sorgen, offenzulegen und eine gemeinsame Lösung zu finden. Nur so können Sie Enttäuschungen und Streit über finanzielle Aufwendungen vermeiden.

Die gemeinsame Zeit finanzieren

Nicht nur bei den Reiseplänen spielt Geld eine Rolle: Auch Ihre gemeinsam verbrachte Zeit kann ganz schön ins Geld gehen – je nachdem, wie Sie sie verbringen. Natürlich gibt es kostengünstige Aktivitäten: Sie können gemeinsam kochen, lange Spaziergänge unternehmen, sich im Bett einkuscheln und Filme sehen. Sie können aber auch Restaurants besuchen, ins Kino gehen, auf die Skipiste und auf Konzerte oder ins Theater. Wenn Sie nur einen geringen finanziellen Handlungsspielraum haben, oder Ihr Einkommen sich stark von dem Ihres Partners unterscheidet, muss eine Lösung her.

> **!**
> **Fernbeziehungs-Tipp 105**
> Machen Sie die Höhe der Investition vom Standort abhängig.

Ganz nach dem Motto: Der Gastgeber entscheidet. Den finanziellen Spielraum legt also der Partner, der Besuch empfängt, fest und trägt dann auch die Kosten. So kann jeder Partner die Zeit in seiner Heimat so gestalten wie er möchte und es sich leisten kann. Sind Sie also der sparsame Part der Beziehung, wird bei Ihnen eben mehr gekuschelt und gekocht. Ihr Partner kann Sie gerne zum Essen und ins Theater ausführen, wenn Sie ihn besuchen. Diese Variante kann jedoch einschränkend wirken: Wenn Sie doch Lust verspüren, Essen zu gehen, sich aber keinen Restaurantbesuch für zwei Personen leisten können, ist das in dieser Variante streng genommen auch nicht möglich. Zum Glück können Sie mit Ihrem Partner darüber reden. Denn Ausnahmen bestätigen die Regel und Kompromisse gehören immer dazu.

Fernbeziehungs-Tipp 106

Finden Sie die goldene Mitte.

Es besteht auch die Möglichkeit, sich gemeinsam mit Ihrem Partner auf einen Mittelweg zu einigen, der Ihrer beider Bedürfnisse gerecht wird. Wenn Sie oder Ihr Partner gerne ins Restaurant gehen, können Sie das in Ihrer gemeinsamen Zeit ja auch tun – nur vielleicht nicht jeden Tag. Sie können abwechseln zwischen Essen gehen und selbst kochen. Mal so, mal so – je nach Stimmung und finanziellem Spielraum.

Sprechen Sie miteinander. Machen Sie finanzielle Sorgen zum Thema und bleiben Sie miteinander im Kontakt. Nur so können Sie eine entspannte Zeit verbringen, in der sich keiner von Ihnen mit finanziellen Sorgen belasten muss.

Fernbeziehungs-Tipp 107

Füllen Sie gemeinsam die Wochenend-Kasse.

Denn es bietet sich – unabhängig davon, wie Sie Ihre Reisekosten aufteilen – an, eine gemeinsame Kasse für die zusammen verbrachte Zeit zu eröffnen. Sie können beispielsweise zu Beginn des gemeinsamen Wochenendes einen bestimmten Betrag in diese Kasse einzahlen und von diesem dann in den nächsten Tagen leben. Sprechen Sie miteinander darüber, ob der Gastgeber weniger bezahlen soll, weil er bereits den Kühlschrank gefüllt hat, oder ob Sie gemeinsam einkaufen gehen wollen. Gleichzeitig ist eine gemeinsame Kasse eine Garantie dafür, dass die gemeinsame Zeit nicht ihr Budget sprengt! Wenn an einem Wochenende das Geld nicht mehr für einen gemeinsamen Kinobesuch reicht, müssen Sie diesen wohl oder übel auf das nächste gemeinsame Wochenende verschieben.

Finanzielle Gerechtigkeit in Fernbeziehungen mit Kind

Möglicherweise leben Sie eine Fernbeziehung mit Ihrer Familie, beispielsweise weil Sie oder Ihr Partner an einem anderen Ort arbeiten, oder Sie sich bewusst dazu entschieden haben, trotz der Distanz eine Familie zu gründen. In diesen Fällen wird die Regelung der Finanzen existenziell wichtig.

> **!** **Fernbeziehungs-Tipp 108**
> Einigen Sie sich auf Unterhaltszahlungen.

Einigen Sie sich darauf, dem Partner, bei dem das gemeinsame Kind überwiegend lebt, Unterhalt zu bezahlen und orientieren Sie sich hierbei an der Regelung in Scheidungsfamilien. Auf diesem Weg ist gut für die Versorgung des Kindes gesorgt. Diese Lösung bietet sich für Familien an, bei denen die Partner getrennte Haushalte führen und auch ihre sonstigen Finanzen getrennt regeln.

Anders verhält es sich in Familien, die einen gemeinsamen Wohnort haben, an den der eine Partner jedoch beispielsweise nur am Wochenende kommt, da er wochentags auswärts arbeitet. Hier sollten Sie eine andere mögliche Lösung wählen.

> **Fernbeziehungs-Tipp 109**
> Führen Sie ein gemeinsames Haushaltskonto.

Hierbei zahlen beide Partner in das gemeinsame Konto ein – gleiche Anteile oder prozentual nach der Höhe des Einkommens – und verwenden dieses Geld für gemeinsame Ausgaben, also auch solche, die das Kind betreffen. Auch in Familien, in denen ein Partner gerade in Elternzeit ist, um das Kleinkind zu versorgen, rate ich dringend zu einem Familienkonto. Zwar ist es dem einen Partner in dieser Zeit möglicherweise nicht möglich, Geld auf das gemeinsame Konto einzuzahlen, trotzdem schafft ein gemeinsames Konto ein Gefühl der Ausgeglichenheit und schützt besser vor Abhängigkeit, als wenn ein Partner den anderen um Geld bitten muss.

Auswärts arbeitende Partner

Beispiel aus der Praxis
In der Online-Paartherapie arbeitete ich mit Franziska und Daniel, die bereits seit drei Jahren in einem gemeinsamen Haus zur Miete wohnten. Durch einen Jobwechsel Daniels,

der mit einem großen Karrierefortschritt einherging, wurde es jedoch nötig, dass er drei bis vier Tage pro Woche an einer Dienststelle in 400 km Entfernung vom gemeinsamen Wohnort arbeitete. Pendeln war somit unmöglich. Das Paar entschied, dass Daniel sich eine zusätzliche Wohnung am neuen Wohnort mieten sollte, um dort wochentags die Nächte zu verbringen – das gemeinsame Mietshaus wollten sie jedoch auf jeden Fall behalten. Trotz Beförderung und damit einhergehender Gehaltserhöhung stellte die Zweitwohnung jedoch eine finanzielle Belastung für das Paar dar. Aufgrund häufiger Streitigkeiten über dieses Thema begannen sie die Online-Paartherapie. Gemeinsam erarbeiteten wir verschiedene Lösungswege.

Fernbeziehungs-Tipp 110

Teilen Sie die Kosten nach Nutzung auf.

So können Sie die Mietkosten danach teilen, in welchem Maß Sie und ihr Partner die Wohnungen bewohnen. Das würde im Fall von Franziska und Daniel bedeuten, dass Daniel die neu gemietete Wohnung alleine nutzt und somit auch 100 % der dadurch entstehenden Kosten trägt. Zudem nutzt er das gemeinsame Haus an drei Tagen pro Woche, während Franziska dieses die gesamte Woche bewohnt. Das würde bedeuten, dass die Miete für das Haus zudem prozentual nach der genutzten Zeit auf die Partner aufgeteilt würde – meine Klientin also den Hauptanteil der Miete für das Haus zu bezahlen hätte. Durch diese Lösung bezahlt jeder Partner genau das, was er nutzt. Sie erscheint somit besonders fair – aber auch etwas umständlich.

! Fernbeziehungs-Tipp 111

Werfen Sie alle Mieten in einen Topf.

Das bedeutet, dass die gesamten Mietausgaben von Ihnen beiden getragen werden – entweder in der Hälfte geteilt oder prozentual nach dem Gehalt. Zwar bedeutet das im Extremfall, dass ein Partner die Hälfte der Miete für eine Wohnung zahlt, die er nie nutzt, so tragen Sie jedoch die Verantwortung für die Veränderung der Lebenssituation gemeinsam und unterstützen sich gegenseitig. Es bietet sich hier an, beide Mieten von einem gemeinsamen Haushaltskonto zu entnehmen, auf das beide Partner einzahlen.

! Fernbeziehungs-Tipp 112

Finden Sie eine individuelle Lösung!

Denn die finanzielle Situation von Paaren ist oftmals komplex. Möglicherweise ist die Situation in Ihrer Beziehung so einzigartig, dass Sie keine der hier genannten Lösungen direkt übernehmen können. Dann sollten Sie eine optimale, an Ihre Situation angepasste Lösung mit Ihrem Partner – und eventuell mit Unterstützung eines Paartherapeuten oder einer Paartherapeutin – finden. Die finanziellen Angelegenheiten in der Beziehung – auch auf die Distanz – zu klären, ist entscheidend dafür, auf lange Sicht miteinander leben und planen zu können. Finanzielle Sorgen wirken sich als Stressfaktor negativ auf Ihre Beziehung aus – eine offene Kommunikation über die Finanzen ist somit unabdingbar.

Auf den Punkt gebracht

Abhängig davon, wie Sie Ihre Fernbeziehung gestalten, kann diese Beziehungsform stark ins Geld gehen. Häufige und zum Teil weite Reisen verursachen hohe Fahrtkosten. Die Gestaltung der gemeinsamen Zeit gestaltet sich je nach persönlichen Vorlieben oft auch teuer. Entscheiden Sie sich für ein grundlegendes System, die Finanzen aufzuteilen: Jeder Partner kann 50 % der Gesamtausgaben tragen, Sie können die Anteile prozentual nach der Höhe des Gehalts beider Partner aufteilen oder strikte Abmachungen treffen, dass jeder Partner seine eigenen Fahrtkosten und die Zeit, die in seiner Stadt verbracht wird, bezahlt. Eine offene Kommunikation über die finanzielle Situation beider Partner, sowie finanzielle Sorgen und Ängste, ist unumgänglich. In komplexen Situationen, wenn beispielsweise gemeinsame Kinder von der Situation betroffen sind, kann von einer finanziellen Regelung, die an die in Scheidungssituationen angelehnt ist, Gebrauch gemacht werden. In Wochenendbeziehungen, in denen eine Zweitwohnung unterhalten wird, muss entschieden werden, in welchem Maß die – zumeist beruflichen – Entscheidungen des auswärts arbeitenden Partners auch finanziell mitgetragen werden.

Herausforderung 9: Zeitgestaltung

Das knappste Gut in Fernbeziehungen ist ganz klar die gemeinsame Zeit! Nicht nur die Distanz, die Sie von Ihrem Partner trennt, sondern auch die Zeit, die Sie beide für Ihre Beziehung aufbringen können, entscheidet, wie oft Sie sich sehen.

Gemeinsam planen

Fragen, die sich in der Fernbeziehungsberatung oft stellen, drehen sich darum, wie die gemeinsame Zeit verbracht werden soll, wie viel Planung nötig ist und welche Menge an Aktivität gut für die Beziehung ist.

Wichtig zu betonen ist hier, wie schon so oft, dass jede Fernbeziehung anders ist. Jeder Partner hat andere Wünsche und Erwartungen. Und wie fast immer lautet der Schlüssel zum Glück deshalb: Kommunikation. Und das fängt schon bei der Planung an.

> **!**
> **Fernbeziehungs-Tipp 113**
> Es ist genau so viel Planung nötig, wie Sie beide benötigen.

Je nachdem wie viel Distanz Sie trennt, planen Sie die Besuche schon Monate im Voraus oder es besteht die Möglichkeit, sich kurzfristig und spontan zu sehen. Auch das hat einen großen Einfluss darauf, was und wie langfristig Sie planen sollten.

Grundsätzlich empfehle ich: Planen Sie die Treffen nur teilweise durch und

> **Fernbeziehungs-Tipp 114**
> Lassen Sie Platz für Spontanität.

Es kann sinnvoll sein, ein lockeres Rahmenprogramm festzulegen, das noch Platz für spontane Unternehmungen nach Lust und Laune bietet. Wichtig ist, die eigenen Wünsche und Erwartungen zu kennen und zu kommunizieren. Am besten besprechen Sie Ihre Erwartungen bereits vor dem Treffen am Telefon und achten darauf, dass die wichtigsten Wünsche im Grundgerüst Ihrer gemeinsamen Zeit verankert sind.

Dabei kann folgende Übung, die ich den Paaren in der Fernbeziehungsberatung oft mitgebe, hilfreich sein:

Übung

1. *Überlegen Sie sich getrennt voneinander je drei bis fünf Wünsche oder Erwartungen, die Sie an das Wochenende, oder die gemeinsame Zeit, haben. Das kann beispielsweise ein Frühstück im Bett sein, ein Theaterbesuch, ein Abend mit Freunden oder eine Radtour. Sie sind ganz frei darin, was Sie sich von der gemeinsamen Zeit wünschen.*
2. *Lesen Sie sich am Telefon gegenseitig Ihre Wünsche vor – abwechselnd oder nacheinander.*
3. *Jetzt folgt die Auswertung: Haben Sie einen Wunsch gemeinsam? Umso besser! Diesen können Sie direkt in die gemeinsame Zeit einplanen. Für die übrigen Wünsche gilt es zu verhandeln.*

Tipps für die Verhandlung:

- *Nehmen Sie sich pro Tag, den Sie gemeinsam verbringen, nicht mehr als ein bis zwei Aktionen vor – sonst rauben Sie sich den Raum für Aktivitäten nach Lust und Laune.*
- *Achten Sie darauf, ähnlich viele Wünsche beider Partner zu berücksichtigen.*
- *Seien Sie kompromissbereit aber gehen Sie nur Kompromisse ein, die für Sie beide wirklich in Ordnung sind. Auf lange Sicht tun Sie sich keinen Gefallen, wenn Sie dem Anderen zuliebe Dinge auf sich nehmen, die Ihnen ganz und gar nicht entsprechen.*

Mit Hilfe dieser Übung wird es Ihnen gelingen, das Grundgerüst Ihrer gemeinsamen Zeit zu erstellen. Die freie Zeit zwischen den geplanten Aktivitäten haben Sie ganz für sich – so werden Sie die gemeinsame Zeit entspannt statt durchgetaktet empfinden.

Mit Druck umgehen

In der Fernbeziehungsberatung berichten mir viele Paare, unter welch starkem Druck sie stehen, sobald sie sich sehen. Sie haben das Gefühl, die Zeit schön verbringen zu müssen und jede der kostbaren Minuten, genießen zu müssen. Wenn es dann zum Streit kommt oder einer der Partner schlechte Laune hat, ist die gemeinsame Zeit oft nicht mehr zu retten. Kommt Ihnen das möglicherweise sogar bekannt vor? Haben auch Sie manchmal den Eindruck, die gemeinsame Zeit bestmöglich nutzen zu müssen? Hier ist ein Punkt entscheidend:

Fernbeziehungs-Tipp 115

Wenn Sie zusammen sind, ist die Zeit gut genutzt!

Lassen Sie sich die Zeit, beieinander anzukommen, wie im Kapitel „Nähe und Distanz" beschrieben und setzen Sie sich keinem sexuellen Druck aus. Wenn Sie sich vor der Begegnung im Klaren sind, was Sie sich erwarten und diese Erwartung Ihrem Partner gegenüber kommunizieren, können Sie die Chancen für Missverständnisse und Enttäuschungen minimieren.

Begrüßungs- und Abschiedsrituale

Mit einigen Paaren arbeite ich in der Beratung dran, Rituale für die Beziehung zu erarbeiten. Denn Rituale geben Halt und Struktur. In einem früheren Kapitel habe ich Ihnen bereits einige Beispiele für Rituale genannt, die dabei helfen können, auch nach längeren Zeiten der Trennung wieder Nähe zwischen den Partnern aufzubauen. Im besten Fall werden durch solche Rituale bekannte Erinnerungen geweckt. Die Sinne kommen ins Spiel: Bekannte Geräusche, Gerüche oder Berührungen können helfen, sich wieder in Bekanntes hineinzuversetzen und sich auf den Partner einzulassen.

Fernbeziehungs-Tipp 116

Läuten Sie Ihre gemeinsame Zeit mit einem Begrüßungsritual ein.

Beispiel:
Warum also nicht…

- *Ein bekanntes Gericht zur Begrüßung kochen?*
- *Einen Begrüßungssong spielen und den Partner so willkommen heißen?*
- *Eine bestimmte Berührung zwischen Ihnen und Ihrem Partner entwickeln und gut verankern, beispielsweise eine besondere Art der Umarmung.*

All dies kann helfen, Nähe schneller wieder herzustellen und so mehr von der gemeinsamen Zeit zu haben.

Fernbeziehungs-Tipp 117
Erleichtern Sie den Abschied durch ein Ritual.

Denn es gibt verschiedene Verabschiedungstypen. Während der eine ganz nach dem Motto „kurz & schmerzlos" bis wenige Minuten vor dem Abschied keine Miene verzieht, benötigt der andere einen ganzen Tag für seine Verabschiedung. Die Traurigkeit breitet sich schon den Stunden vorher aus und der letzte Tag ist somit meist verschenkt – ein Partner kann die Zeit gar nicht genießen. In solchen Fällen lohnt es sich, ein Abschiedsritual einzuführen:

Beispiel:

- *Gehen Sie immer die gleiche Runde spazieren, bevor Sie zum Bahnhof fahren oder sich auf die Autofahrt begeben.*
- *Lesen Sie gemeinsam eine Abschiedsgeschichte.*

- *Planen Sie die nächsten Wochen: Erzählen Sie Ihrem Partner, was Sie vorhaben, und legen Sie einen Termin fest, an dem Sie sich wiedersehen.*

Manchmal kann es auch hilfreich sein, den letzten Tag vollzupacken: Eine große Radtour am Sonntag vor der Abreise oder ein aufwändig gekochtes Mittagessen am letzten Tag. So können Sie möglicherweise für einige Minuten vergessen, dass Sie sich heute noch verabschieden müssen.

Entscheidend für den Einsatz von Ritualen in Partnerschaften ist:

Fernbeziehungs-Tipp 118

Finden Sie Ihre eigenen Rituale.

Möglicherweise haben Sie sogar schon unbewusst ritualisierte Handlungen in Ihre gemeinsame Zeit etabliert?

Wenn Sie sich regelmäßig sehen und den Wunsch haben, einen Alltag trotz der Distanz zu leben, können Rituale helfen.

Fernbeziehungs-Tipp 119

Etablieren Sie Alltags-Rituale, die Ihrer Fernbeziehung Struktur geben.

Diese führen dazu, dass Sie sich stärker als Einheit wahrnehmen und das Gefühl haben, Ihr Leben mit dem Partner zu teilen.

Beispiel

- *Besuchen Sie einen gemeinsamen Kurs – einen Tanz- oder Kochkurs vielleicht –, der regelmäßig stattfindet.*
- *Verabreden Sie einen regelmäßigen festen Spiele- oder Kochabend, Kinobesuch oder eine sonstige Aktivität mit Freunden.*
- *Planen Sie regelmäßige und ritualisierte Familienbesuche.*
- *Etablieren Sie einen Frühstücksrhythmus oder gemeinsames Kochen in Ihre Beziehung, wenn Sie sich sehen.*
- *Verabreden Sie eine klare Aufgabenverteilung und genaue Zuständigkeitsbereiche in der gemeinsamen Zeit.*

Die Zeit, die Sie miteinander verbringen, wird wahrscheinlich in nächster Zeit nicht mehr werden. Durch Rituale können Sie sich jedoch miteinander verbunden fühlen, auch wenn Sie sich länger nicht gesehen haben. Sie schaffen sich so einen Platz im Leben des Partners, werden unverzichtbar und fühlen sich als Paar gestärkt.

Auf den Punkt gebracht

Viele Paare stehen bei der Gestaltung der gemeinsamen Zeit – dem knappsten Gut der Fernbeziehung – mächtig unter Druck. Eine gemeinsame Planung noch vor dem eigentlichen Treffen, kann helfen, einen äußeren Rahmen und eine grobe Struktur für die gemeinsame Zeit zu schaffen, in der die Wünsche und Bedürfnisse beider Partner ihren Platz finden. Trotzdem ist es wichtig, Platz für Spontanität zu lassen und nur so viel zu planen, wie für Sie beide nötig ist. Machen Sie sich bewusst, dass die Zeit wunderbar genutzt ist, wenn Sie beide zusammen sind und verfallen Sie nicht dem sexuellen oder zeitlichen Leistungsdruck. Begrüßungs- und Abschiedsrituale können helfen, den Aufbau von Nähe bei der Begegnung zu beschleunigen und die Traurigkeit beim Abschied heraus zu zögern und Ihnen so mehr gemeinsame, qualitativ hochwertige Zeit verschaffen. Rituale sind außerdem hilfreich dabei, einen gemeinsamen Alltag trotz Distanz zu entwickeln.

Herausforderung 10: Gemeinsame Ziele und Zukunftsplanung

Auch wenn das Modell Fernbeziehung funktionieren kann: Eine Lösung auf lange Sicht ist es für die meisten Paare nicht. In der Regel ist das Ziel auf kurz oder lang, einen gemeinsamen Lebensmittelpunkt zu finden und dort zusammen zu wohnen. Wenn klar wird, dass ein Zusammenzug in nächster Zeit nicht möglich wird, stellt das eine Zerreißprobe für viele Paare dar.

Über die Zukunft sprechen

War Ihnen bereits, wie so vielen anderen Paaren, klar, dass die Fernbeziehung für Sie keine Dauerlösung ist, als Sie die Liebe auf Distanz eingegangen sind? Kam das Thema „Zukunftsplanung" bei Ihnen bereits früh in der Beziehung auf den Tisch oder haben Sie die Entfernung akzeptiert und machen sich erst dann Gedanken über die Zukunft, wenn Themen wie Familienplanung, Wohnort- und Jobwechsel anstehen?

> **Fernbeziehungs-Tipp 120**
>
> Entwickeln Sie Ihren individuellen Umgang mit der Zukunftsplanung.

Wenn Sie mit Ihrem Partner gemeinsam beschließen, dass Sie die Zukunft auf sich zulassen kommen möchten und spontan sehen werden, welche Möglichkeiten sich für Sie und Ihre Beziehung ergeben, ist das vollkommen in Ordnung.

> **Fernbeziehungs-Tipp 121**
>
> Nicht jede Partnerschaft braucht einen 5-Jahres-Plan.

Oder ein genaues Datum für den Zusammenzug oder generell eine Zukunftsvision. Die Fernbeziehung als aktuellen Status zu leben, nicht weiter darüber hinaus zu planen und alles auf sich zukommen zu lassen, funktioniert nicht besser oder schlechter als jede andere Art der Zukunftsplanung. Wichtig ist, dass Sie sich darüber ausgetauscht haben, dass Sie beide mit diesem Status zufrieden sind.

Einigen Paaren ist es im Gegensatz dazu schon wichtig, zu wissen, wann der Status der Fernbeziehung beendet ist.

> **Fernbeziehungs-Tipp 122**
>
> Wie die Beziehung zukünftig gestaltet wird, hat in vielen Partnerschaften eine direkte Auswirkung auf den aktuellen Zufriedenheitsgrad.

Sollte das in Ihrer Partnerschaft so sein, ist es an der Zeit, sich mit Ihrem Partner zusammen zu setzen – persönlich oder über Videochat oder Telefon – und sich gegenseitig mitzuteilen, wie Sie sich Ihre gemeinsame Zukunft vorstellen. Folgende Übung kann Ihnen dabei helfen.

Übung: Wie stellst du dir unsere gemeinsame Zukunft vor?

1. *Stellen Sie sich diese Frage gegenseitig und beantworten Sie sie, ohne sich davon beeinflussen zu lassen, was sich Ihr Partner wünscht oder ob eine Verwirklichung möglich ist. Sie können diesen Schritt auch erst mal schriftlich und jeder für sich durchführen.*
2. *Einigen Sie sich auf eine gemeinsame Zukunftsvision, indem Sie sich folgende Fragen stellen:*
   - *In welchen Punkten stimmt unsere Vision der Zukunft überein?*
   - *In welchen Punkten unterscheidet sie sich?*
   - *Welche Möglichkeiten gibt es, einen Kompromiss für die Unterschiede in unseren Vorstellungen zu schaffen?*
   - *Für welchen Kompromiss entscheiden wir uns?*
3. *Überlegen Sie sich welche konkreten Handlungen nötig wären, um Ihre perfekte Zukunftsvision zu erfüllen.*
   - *Welche Schritte sind nötig?*
   - *Welche Veränderungen benötigt es, damit die Zukunftsvision Realität wird?*
   - *Wer von Ihnen muss welche Handlung dafür tun?*
   - *Für welchen Teilschritt sind Sie jeweils bereit?*
   - *Für welchen möglicherweise noch nicht?*
4. *Wenn Sie genau wissen, was es braucht, Ihre Zukunftsversion zu verwirklichen; wenn jeder von Ihnen eine Liste mit den nötigen individuellen Schritten vor sich hat, dann ist es an der Zeit sich zu entscheiden, ob und wann Sie die Veränderungen gemeinsam vornehmen und den Plan in die Tat umsetzen.*

Auch wenn diese Übung auf den ersten Blick sehr einfach wirkt, kann es je nachdem, wie sehr sich Ihre Vorstellungen der Zukunft von denen Ihres Partners unterscheiden, doch einige Wochen oder Monate dauern, bis Sie zu einem Ergebnis kommen. Wenn Sie das Gefühl haben, keinen gemeinsamen Weg zu finden, rate ich Ihnen dringend, sich professionell unterstützen zu lassen, beispielsweise in einer Fernbeziehungs- oder Paartherapie.

Die Standard-Lösung: Zusammenziehen

Nach wie vor tendieren die meisten Paare, die in einer Fernbeziehung leben, langfristig zum Zusammenzug. Hierbei gibt es jedoch einiges zu beachten und ich gebe immer wieder folgenden Ratschlag:

> **Fernbeziehungs-Tipp 123**
> Bereiten Sie den Zusammenzug gut vor!

Wenn Sie bereits längere Zeit eine Fernbeziehung geführt haben, gibt es bestimmte Vorstellungen darüber, wie das Zusammenleben sich wohl darstellen würde, wäre die Nähe dauerhaft. Bevor diese Vorstellung realisiert wird, sollten Sie Ihrem Partner Ihre Erwartungen darüber unbedingt kommunizieren.

> ***Beispiel aus der Praxis***
> *In der Online-Paartherapie arbeitete ich mit Janina und Tobias, die drei Monate vor Beginn der Beratung zusammen gezogen waren. Als wir mit der Paartherapie begannen standen*

sie kurz vor der Trennung. Sie waren der Meinung, Ihre Beziehung sei durch den Zusammenzug gescheitert. Bereits nach der zweiten Sitzung konnten wir das Problem ausmachen: Als sie ihre Liebe noch auf Distanz gelebt hatten, hatte sich die Beziehung des Paares durch außerordentlich viele Aktivitäten in der Freizeit ausgezeichnet. Ihre gemeinsamen Wochenenden hatten sie mit Rad- und Bergtouren verbracht, waren abends mit Freunden ausgegangen oder ins Restaurant oder Kino. Sie waren praktisch die ganze gemeinsame Zeit unterwegs gewesen. Mit dem Zusammenzug stellten sich bei den Partnern verschiedene Erwartungen ein. Während Tobias davon ausging, dass sie jetzt noch mehr Zeit für gemeinsame Aktivitäten haben würden – nach der Arbeit noch gemeinsam Sport treiben und Freunde treffen konnten – freute sich Janina darauf, die Aktivitäten, die sie sonst am Wochenende unternommen hatten, jetzt auf die gemeinsame Woche zu verteilen. In der neu gewonnen Zeit am Wochenende plante sie Zeit für das gemeinsame Frühstücken ein und freute sich auf ruhige Fernsehabende mit Tobias. Direkt nach dem Zusammenzug prallten die verschiedenen Erwartungen aufeinander – es kam wiederholt zum Streit und das Paar zweifelte an der Beziehung. Nachdem die jeweiligen Erwartungen offen gelegt waren, gelang es dem Paar schlussendlich in der Beratung, einen guten Kompromiss zu finden.

Sie müssen sich also bereits vor dem Zusammenzug darüber klar werden, was Sie sich von der gemeinsamen Zeit erwarten und das auch kommunizieren.

Oft bietet es sich an, direkt in die Wohnung des einen Partners zu ziehen, wenn die Fernbeziehung beendet wird. Der Vorteil ist, dass sich beide Partner dort schon auskennen und das Risiko im Falle einer Trennung doch relativ gering ist: Ein Partner zieht einfach wieder aus – es muss keine gemeinsame Wohnung aufgelöst werden. Außerdem geht der Zusammenzug meist mit so vielen Umstellungen einher – die eigene Wohnung auflösen, den Job kündigen und sich eine neue Arbeitsstelle im neuen Zuhause suchen –, dass viele Paare froh sind, sich nicht zusätzlich noch auf Wohnungssuche begeben zu müssen. Überprüfen Sie jedoch vorher genau, ob dieser Weg der Richtige für Sie ist. Manchmal sind Wohnungen, in denen ein Partner bereits schon länger wohnt, vorbelastet und es bietet sich an, eine neue Wohnung zu beziehen, die beide Partner zu gleichen Teilen bewohnen oder erst einmal in getrennten Wohnungen in der gleichen Stadt zu leben.

> **!** **Fernbeziehungs-Tipp 124**
>
> Schaffen Sie sich Raum in der Nahbeziehung.

Nach längerer Zeit in einer Fernbeziehung würde ich davon abraten, eine gemeinsame Ein-Zimmer-Wohnung zu beziehen. Auch wenn ich weiß, wie verführerisch die Vorstellung ist, nach langer Trennung rund um die Uhr beieinander zu sein und eine gemeinsame Wohnung zu beziehen, führt manchmal genau das dazu, dass die Partner sich schnell auf die Nerven gehen und den Entschluss, zusammen gezogen zu sein, bereuen. Getrennte Wohnungen bieten die Möglichkeit einer langsamen Annäherung, während der jeder Partner weiterhin seinen Rückzugsort hat und es dem zugezogenen Partner leichter fällt, eigene Kontakte zu knüpfen.

Fernbeziehungs-Tipp 125

Bauen Sie sich nach dem Umzug ein eigenes soziales Umfeld auf.

Denn auch das kann entscheidend für das Gelingen Ihrer Nahbeziehung sein. Der schon länger dort wohnhafte Partner hat meist einen Freundeskreis, dem sich problemlos angeschlossen werden kann. Eigene Freunde zu haben, kann dem zugezogenen Partner jedoch die Eingewöhnung erleichtern. Ein Hobby am neuen Wohnort zu betreiben, bietet zusätzliche Kontaktmöglichkeiten. Ein eigener Freundeskreis hilft, sich vom Partner unabhängig zu machen und die Beziehung dauerhaft auf Augenhöhe zu führen.

Wenn die gemeinsame Zukunft zum Problem wird

Doch längst nicht allen Paaren in Fernbeziehungen gelingt es, eine gemeinsame Zukunftsvision umzusetzen. Ein typisches Problem, das mir häufig begegnet, liegt darin begründet, dass sich das Paar nicht über eine gemeinsame Zukunftsvision einig wird. Während ein Partner zusammenziehen möchte, will der andere, dass alles beim Alten bleibt. Viele Paare können sich nicht einigen, wo sie leben wollen oder wann sie die Vision in die Tat umsetzen wollen – jetzt oder in drei Jahren.

In diesem Fall rate ich dringend zu professioneller Unterstützung. Ich habe schon mehrmals erlebt, dass Paare beim Streit um ihre gemeinsame Zukunft die eigene Fernbeziehung aufs

Spiel gesetzt haben und kurz vor einer Trennung standen, als sie mein Beratungsangebot in Anspruch nahmen.

> **!**
> **Fernbeziehungs-Tipp 126**
> Der Wunsch, zusammen zu leben, sollte kein Grund zur Trennung werden!

Anderen Paaren kommt der Weg bis zur Umsetzung der Zukunftsvision zu lang und steinig vor. Vielleicht haben Sie sich sogar schon entschieden, wo und wie Sie Ihre Zukunft verbringen wollen. Jedoch werden Sie aktuell noch von beruflichen oder familiären Gründen davon abgehalten, Ihre Vision direkt in die Tat umzusetzen. Das Wissen, die Liebe auf Distanz noch für längere Zeit – möglicherweise mehrere Jahre – durchhalten zu müssen, kann hart sein. Machen Sie sich jedoch bewusst:

> **!**
> **Fernbeziehungs-Tipp 127**
> Eine Fernbeziehung zu führen ist immer eine Entscheidung.

Eine Entscheidung für den Job, die Familie, die Freunde oder für was auch immer Sie gerade vom Zusammenzug abhält! Sie entscheiden sich bewusst dafür – aufgrund Ihres Verantwortungsbewusstseins, Ihrer Werte oder der Art, wie Sie Prioritäten setzen – und damit gegen die Nahbeziehung. Und da Sie ganz sicher gute Gründe für Ihr aktuelles Verhalten haben, ist die Situation eben so, wie sie gerade ist, auch gut.

Immer wieder lerne ich Paare in Fernbeziehungen kennen, die entschlossen sind, ein gemeinsames Leben zu leben und zusammen zu ziehen. Trotzdem ist keiner von beiden bereit, seinen aktuellen Wohnort zu verlassen. Der eine Partner argumentiert mit der Eigentumswohnung, der andere bangt um seine Karriere. Hier Kompromisse zu machen, kann langfristig dazu führen, dass dem Partner in schwierigen Phasen der Beziehung Vorwürfe gemacht werden.

Fernbeziehungs-Tipp 128

Handeln Sie nicht impulsiv sondern wohlüberlegt.

Entwickeln Sie gemeinsam eine langfristige Lösung. Vielleicht fällt es dem Partner leichter umzuziehen, wenn wer weiß, dass seine Wohnung vermietet statt verkauft ist – die Option auf Rückzug bei einem Scheitern der Beziehung also besteht. So eine Entscheidung kann nicht an einem Tag gefällt werden. Ich rate zu gründlichen Überlegungen und einem Abwägen von Für und Wider.

Dauerhafte Fernbeziehung führen

Eher untypisch, aber durchaus umsetzbar, ist die dauerhafte Fernbeziehung. Nicht jedes Paar setzt es sich zum Ziel, in die gleiche Stadt oder das gleiche Land zu ziehen. Dauerhafte Fernbeziehungen bringen auch Vorteile mit sich: Sie beide können Ihr altes Leben behalten. Niemand muss sich von der Familie oder vom Freundeskreis trennen oder den Job aufgeben. Es gibt genug Freizeit für Hobbies, Freunde und Familie und die gemeinsame Zeit mit dem Partner erscheint dauerhaft wie Urlaub – eine Auszeit vom eigenen Alltag. Und trotzdem können Sie auch in einer dauerhaften Fernbeziehung eine gemeinsame Zukunftsvision leben: Sei es eine gemeinsame Reise oder die Familiengründung. Mit der richtigen Planung und einem sozialen Unterstützersystem – beispielsweise Kinderbetreuung durch die Großeltern – ist eine Familiengründung in deiner dauerhaften Fernbeziehung zwar weiterhin kompliziert, aber durchaus möglich.

Auf den Punkt gebracht

Die gemeinsame Zukunftsplanung nimmt in fast jeder Fernbeziehung viel Raum ein. Es ist entscheidend, dass Sie miteinander im Kontakt bleiben, über die Zukunft sprechen und einen individuellen Umgang mit Ihrer Zukunftsplanung entwickeln. Zwar braucht nicht jede Beziehung einen strikt ausgearbeiteten Zukunftsplan, jedoch hat die Vorstellung, wie die Beziehung zukünftig gestaltet wird, in vielen Partnerschaften eine direkte Auswirkung auf den Zufriedenheitsgrad. Erarbeiten Sie gemeinsam, wie genau Sie Ihre gemeinsame Zukunft planen wollen und wie diese aussehen soll. Auch ein Zusammenzug – der für viele Paare das Ziel für die Zukunft darstellt – will gut vorbereitet sein. Erwartungen müssen geklärt und Kompromisse getroffen werden. Lassen Sie sich im Ernstfall unterstützen! Nach dem Zusammenzug ist es wichtig, dass jeder Partner sich Raum in der Fernbeziehung verschaffen kann und der zugezogene Partner sich ein eigenes soziales Umfeld aufbaut. Die gemeinsame Zukunftsplanung stellt jedoch in manchen Fernbeziehungen auch ein solches

Problem dar, dass Trennungsgedanken aufkommen, weil die Partner sich nicht einig über die Zukunftsvision werden, keiner umzugsbereit ist oder sich nicht der richtige Moment für die Umsetzung der Zukunftspläne ergibt. Auch wenn für einige Paare eine dauerhafte Fernbeziehung die Lösung ist, so führen Schwierigkeiten bei der Zukunftsplanung bei einer Mehrheit der Paare zu Trennungsgedanken. Seien Sie sich bewusst, dass eine Fernbeziehung statt einer Nahbeziehung zu führen, immer eine Entscheidung ist und der Wunsch, zusammen zu leben, kein Grund zur Trennung werden sollte.

Fazit

Fernbeziehungen sind manchmal hart – aber machbar!

Achten Sie gut auf sich. Sehen und respektieren Sie Ihre Grenzen. Bleiben Sie in Kontakt mit sich selbst und mit Ihrem Partner. Teilen Sie sich Wünsche und Erwartungen gegenseitig mit. Fernbeziehung bedeutet auch: Reden, reden, reden!

Aber seien Sie sich bewusst: Für Ihre Mühe werden Sie reichlich belohnt. Mit der Liebe Ihres Partners, wunderschönen gemeinsamen Tagen und dem Wissen, eine Partnerschaft eingegangen zu sein, bei der die Zuneigung füreinander so stark ist, dass selbst große Entfernungen und weite Reisen Sie nicht abschrecken konnten.

Selbst wenn die Fernbeziehung von vielen Menschen nicht als „richtige" Beziehung angesehen wird, bin ich vom Gegenteil überzeugt: Eine Fernbeziehung führen Sie nur, wenn Sie einander wirklich und wahrhaftig aus tiefstem Herzen wollen. Die Hürden und Mühen würden Sie sonst nicht auf sich nehmen. Eine Fernbeziehung, in der die Partner sich nicht sicher sind, ob Sie miteinander sein wollen, hat nur kurze Zeit Bestand.

Die Fernbeziehung ist der ultimative Ausdruck einer Liebe, die gelebt werden muss, weil die Partner so stark füreinander fühlen und nicht ohne einander sein wollen!

Zu erfahren, dass es anderen Menschen in der gleichen Situation ähnlich geht wie Ihnen, kann dabei helfen, die Herausforderungen in der Fernbeziehung souveräner zu meistern.

Treffen Sie mich und andere Fernbeziehungserfahrene in meiner Facebook-Gruppe „Fernbeziehung meistern! Tipps & Austausch für die Liebe auf Distanz" zum persönlichen Austausch. Hier erhalten Sie weitere Tricks und Erfahrungsberichte rund um das Thema Fernbeziehungen und können in einem geschützten Raum Fragen stellen, Rat suchen oder Erfahrungen teilen.

Folgen Sie mir außerdem auf Instagram oder Pinterest – dort finden Sie mich als @Fernbeziehungsberaterin – und tauschen Sie sich mit mir aus!

Ich wünsche Ihnen von Herzen alles Gute für Ihre Fernbeziehung – viel Kraft und Durchhaltevermögen sowie einen Blick für das Schöne und Wertvolle in Ihrer Beziehung – und freue mich, schon bald auf Facebook oder Instagram mit Ihnen in Kontakt zu treten.

Stichwortverzeichnis

Die Autorin

Linda Mitterweger ist Psychologin, Online Paartherapeutin und Fernbeziehungsberaterin. 2018 gründete Sie ihre psychologische Online-Praxis PSY-ON mit der Intention, auch Paaren, denen bisher kein Zugang zur paartherapeutischen Versorgung möglich war, zu unterstützen. Seitdem berät sie Paare in Nah- und Fernbeziehungen ressourcen- und lösungsorientiert via Videochat. Innerhalb kurzer Zeit hat sie sich als Expertin auf dem Gebiet der Fernbeziehungsberatung etabliert und mehrere Arbeitsbücher zum Thema veröffentlicht. Auf ihrem Blog – dem Fernbeziehungs-Freitag – gibt sie kostenlose Tipps rund um das Thema Fernbeziehung. Ihr Paartherapie-Podcast befasst sich jede Woche mit beziehungsrelevanten Themen und unterstützt den Weg zu einer glücklichen und erfüllten Partnerschaft.

Impressum:
Verlag C. H. Beck im Internet: www.beck.de
ISBN Print: 978-3-406-74163-0
ISBN E-Book: 978-3-406-74164-7

Wilhelmstraße 9, 80801 München
Satz: Fotosatz Buck, 84036 Kumhausen
Druck und Bindung: Beltz Bad Langensalza GmbH
Am Fliegerhorst 8, 99947 Bad Langensalza
Umschlaggestaltung: Ralph Zimmermann – Bureau Parapluie
Umschlagbild: © poba – istockphoto.com
Gedruckt auf säurefreiem, alterungsbeständigem Papier
(hergestellt aus chlorfrei gebleichtem Zellstoff)